Joseph Maria Wagner

Briefe von Geo. Fr. Benecke, Jacob und Wilhelm Grimm,

Carl Lachmann, Johann A. Schmeller und K.H.G. von Meusebach an Joseph

Freiherrn von Lassberg, 1818-1849

Joseph Maria Wagner

Briefe von Geo. Fr. Benecke, Jacob und Wilhelm Grimm,
Carl Lachmann, Johann A. Schmeller und K.H.G. von Meusebach an Joseph Freiherrn von Lassberg, 1818-1849

ISBN/EAN: 9783743470361

Hergestellt in Europa, USA, Kanada, Australien, Japan

Cover: Foto ©ninafisch / pixelio.de

Weitere Bücher finden Sie auf **www.hansebooks.com**

BRIEFE

VON

GEO. FR. BENECKE, JACOB UND WILHELM GRIMM,
CARL LACHMANN, JOHANN A. SCHMELLER

UND

K. H. G. VON MEUSEBACH

AN

JOSEPH FREIHERRN VON LASSBERG
1818—1849

NACH FRANZ PFEIFFERS ANORDNUNG

HERAUSGEGEBEN

VON

J. M. WAGNER

WIEN
DRUCK UND VERLAG VON CARL GEROLDS SOHN
1868

DEN FREIFRÄULEIN

HILDEGARD UND HILDEGUND VON LASSBERG

AUF DER ALTEN MEERSBURG

IN

DANKBARER ANERKENNUNG FREUNDLICHER FÖRDERUNG

ZUGEEIGNET.

Durch die freundschaftliche Güte der Freifräulein Hildegard und Hildegund von Laßberg, die mir mit dankenswerther Bereitwilligkeit in den litterarischen Nachlaß und Briefwechsel ihres verstorbenen Vaters nicht nur Einblick gestatteten, sondern mir das darunter für die Öffentlichkeit Geeignete zu freier Verfügung stellten, sehe ich mich in die angenehme Lage versetzt, dem vor zwei Jahren begonnenen Abdruck von Germanistenbriefen eine neue Reihe folgen lassen zu können.

Ich beginne dieselben zunächst mit Briefen von Benecke, Jacob und Wilhelm Grimm, Lachmann und Schmeller, den Gründern der deutschen Sprach- und Alterthumswissenschaft, für deren Geschichte dieselben wichtige oder doch belangreiche Beiträge bieten; diesen werden sich später Briefe anderer Gelehrten anfügen, die, ohne gerade vom Fache zu sein, doch vielfach ihre lebendige Theilnahme dafür bethätigten, indem sie, von Laßberg angespornt, dessen regem Forschungstriebe hilfreiche Hand leisteten, und dadurch Manches zu Tage fördern halfen, was sonst leicht verborgen geblieben wäre. F. P.

I. Briefe von G. Fr. Benecke *).

(1818—1843.)

1.

Ich bin so frey, Herr Baron, Ihnen, meinem Versprechen gemäß, einige Gedanken über den Abdruck der Handschrift des Nibelungen Liedes schriftlich mitzutheilen; bemerke aber im Voraus, daß es nur flüchtige Gedanken sind, die ich reiferer Prüfung anheim gebe.

Meine dankvolle Freude über das Unternehmen habe ich Ihnen schon mündlich bezeugt, und jeder Freund unserer alten vaterländischen Dichtkunst wird mit mir die edle Großmuth verehren und rühmen, durch die eine so wichtige Handschrift nicht nur gemeinnützlicher gemacht, sondern auch auf das sicherste vor dem Untergange bewahrt wird.

In Ansehung der Frage, wie viel durch ein fac simile in Steindruck dargestellt werden soll, bin ich der Meinung, daß die Seite, die ich vor mir habe, vollkommen hinreicht. Nur muß dafür gesorgt werden, daß das fac simile völlig treu ist. In Beziehung auf diese Treue habe ich einige Bedenklichkeiten. Steht nicht, möchte ich fragen,

Z. 1 mv̈zen. Z. 11 gv̂tem. Z. 19 spileman mit einem längern *l*. Z. 21 gefrv̂mt mit o über dem v. Z. 22 frv̈mcheite. Z. 23 vorht(e) (das r nach dem o

---

*) Dieselben sind durchwegs mit deutscher Schrift geschrieben.

ist auffallend unkenntlich). Z. 32 chvnem. — Es ist sehr wohl möglich, daß die Copie treu ist, aber es ist auch möglich, daß besonders die übergeschriebenen Buchstaben etwas verblichen sind, und das übergeschriebene o und e sehen sich oft nur gar zu ähnlich.

Wenn die Handschrift mit lateinischen Buchstaben (die gewöhnlich deutlicher geschrieben werden als unsere so genannten deutschen) von einem der alten Sprache kundigen Manne treu abgeschrieben wird, und diese Abschrift dann eben so treu und sorgfältig abgedruckt wird — in fortlaufenden Zeilen, mit den rothen Strichen —, so hat die Critik alles was sie wünschen kann. Freylich aber wird eine genaue Correctur der Druckbogen erforderlich seyn, und wenn es möglich ist, würde ich rathen, jeden Druckbogen bei der Correctur noch ein Mahl mit dem Original zu vergleichen. Auf diesem Wege, der auch der wohlfeilere ist, wird der Abdruck genauer werden, als wenn selbst die ganze Handschrift durchgezeichnet würde. Der Durchzeichner ermüdet, und bey dem besten durchscheinenden Papier entgeht manches seinem Auge. — Übrigens wäre es gut, wenn der Druck der Handschrift ganz gleich gemacht werden könnte, d. h. eben so viel Zeilen auf einer Seite hätte, wie die Handschrift, und in jeder Zeile gleich viel Wörter. Auch würde es bequem seyn oben an jeder Seite die entsprechenden Zahlen aus Hagens Ausgabe zu bemerken.

Gehorsamst

Febr. 26. 1818. Benecke.

2.

Hochgeborner Freyherr,
Gnädiger Herr,

Ich habe es immer verschoben, Eurer Hochgebornen Gnaden meinen gehorsamsten Dank für Ihr gütiges Geschenk abzustatten, weil ich diesem Danke meine Anzeige des Liedersaales in unserer Gel. Zeitung beyfügen wollte; und ich habe diese Anzeige verschoben, weil ich einen zweyten Band des Liedersaales erwartete. Da dieser zweyte Band aber immer noch nicht in unsern Buchläden zu haben ist, so mußte sich die Anzeige endlich auf den ersten beschränken. Es wird mir indeß eine nicht geringe Freude seyn, wenn ich mich in den Stand gesetzt sehe, die Anzeige des zweyten Bandes recht bald folgen zu lassen.

Die Handschrift des Barlaam und Josaphat, welche Euere Hochgeborne Gnaden besitzen, scheint mir so gut zu seyn, daß ich mich glücklich schätzen würde, sie auf acht Tage in Händen zu haben, um den von Köpke herausgegebenen Text darnach zu berichtigen.

Ich nehme mir die Freyheit, meine Anzeige des 1. Bandes des Liedersaales diesem Briefe beyzulegen, und habe die Ehre dankbar und hochachtungsvoll mich zu nennen

Eurer hochgebornen Gnaden

Göttingen Jul. 21 — 1822.

gehorsamsten Diener,
GF. Benecke,
Hofrath und Professor.

3.

Hochgeborner Freyherr,
Gnädiger Herr,

Eure Hochgebornen Gnaden haben mich durch Ihre so höchst schätzbaren Geschenke, die ich unter dem 20 Decemb. vor. Jahres zu erhalten die Ehre hatte, so sehr verpflichtet, daß ich mir die größten Vorwürfe darüber mache, daß meine verspätete Danksagung Sie in Ungewißheit über die richtige Ankunft des Packetes gesetzt hat. Meine Absicht war, in unsern Gel. Zeitungen eine Anzeige von Eurer Hochgebornen Gnaden fortgesetzten ehrenvollen Bemühungen zu geben, und diese meinem Danksagungsbriefe beyzulegen. Da aber während des academischen halben Jahres meine Zeit durch Bibliotheksgeschäfte und Vorlesungen so sehr beschränkt ist, so mußte jene Anzeige für die Osterferien ausgesetzt bleiben. Hätte ich irgend vermuthen können, daß Eure Hochgebornen Gnaden Ursache haben, in die Sicherheit der Posten Mißtrauen zu setzen, so würde ich nicht gesäumt haben, meinen schuldigen Dank auf der Stelle abzustatten. Als Bibliothecar habe ich beständige Veranlassung von der Post Gebrauch zu machen, und noch ist mir kein Fall vorgekommen, daß ein Brief oder Packet verloren gegangen wäre; und am allerwenigsten halte ich dieß bey kleineren Packeten für möglich, die in die sogen. Post-Lade gelegt werden, und dadurch, mehr noch als selbst Briefe, gesichert sind. Da indeß Eure Hochgeborne Gnaden entgegengesetzte Erfahrungen gemacht zu haben scheinen, so wage ich es nicht, meine Bitte um den Barlaam zu wiederhohlen, so erwünscht es mir auch seyn würde, etwa während des April-Monates diese Handschrift vergleichen zu können.

Über Conrad von Helmsdorf weiß ich nichts, als was in den Parænecticis steht. Wenn ich mich auf ein Verzeichniß der in Bremen befindlichen Goldastischen Handschriften verlassen darf, so ist die collatio vet. historiæ et novi testamenti in Bremen nicht zu suchen; jedoch werde ich mich darüber näher erkundigen. Von einer Anna von Helmsdorf, Klosterfrauen zu Diessenhofen erhielt Goldast die Handschrift des Wigalois.

Mit der aufrichtigsten Dankbarkeit und Verehrung verharre ich
     Eurer Hochgebornen Gnaden gehorsamster Diener
Göttingen, März 3 1823.   George Friedrich Benecke.

N. S. Der Brief, den ich zu erhalten die Ehre hatte, ist vom 5. Febr. datirt, aber, laut des Postzeichens, den 20. Febr. von Constanz abgegangen.

4.

Ich halte es für meine Pflicht, Eurer Hochwohlgebornen Gnaden unverzüglich zu berichten, daß ich vorgestern den 1. d. M. die Handschrift des Barlaam, die Sie den 12. März von Eppishausen abzuschicken die Güte hatten, richtig und unversehrt erhalten habe. Ich bezeige Ihnen dafür meinen gehorsamsten Dank, und werde in wenigen Wochen sie wieder zurück schicken, und dann zugleich den Brief, der die Handschrift begleitete, beantworten.

    Ich habe die Ehre zu seyn
     Eurer Hochwohlgebornen Gnaden gehorsamster Diener
Göttingen Apr. 3. 1823.   George Friedrich Benecke.

5.

Hochwohlgeborner Freyherr,
Gnädiger Herr,

Wohlbehalten und unversehrt, wie ich zuversichtlich hoffe, stellt sich hier die Handschrift des Barlaam wieder bey Eurer Hochwohlgebornen Gnaden ein, und mein herzlichster Dank für die gütige Mittheilung derselben begleitet sie. Ich habe sie von Anfang bis zu Ende verglichen, und nebst mehreren kleinern Verbesserungen des gedruckten Textes die Wiederherstellung der Episode (S. 294—295 des Druckes) gewonnen. Diese ist im Drucke völlig zerrüttet und unverständlich. Offenbar sind die dem Drucke zum Grunde liegende — keineswegs schlechten — Handschriften alle aus einer frühern Handschrift abzuleiten, in welcher eine überfromme Hand das Gedicht castrirt hatte. Man verargte dem armen Rudolf seine Verehrung der Frauen. Haben Sie doch die Güte, diesem Anderthalb hundert Zeilen eine Stelle im Liedersaale anzuweisen. — Ein früherer Besitzer der Handschrift hat bereits im XIV. Jahrh. sie mit einer andern verglichen, und die Versehen und Auslassungen des Abschreibers gebessert und ergänzt.

Es verlohnte sich der Mühe nachzuforschen, wo die Handschriften geblieben sind, welche die Gräfinn Waldburg-Zeil mit nach Österreich geführt hat. Vielleicht fände sich noch manches für unsere altdeutsche Literatur. In Löschers Literator celticus wird p. 7 unter den Scriptoribus Saec. XIV angeführt Conrad von Helmsdorff biblia abbreviata. Weiter steht aber auch kein Wort. So bald ich eine fernere Spur finde, werde ich nicht verfehlen, Eurer Hochwohlgebornen Gnaden davon Nachricht zu geben. Die Stelle in Goldasts paræneticis, welche ich vor einiger Zeit vergeblich suchte, steht p. 370. Wahrscheinlich aus Goldast kam der Name eines Conr. v. Helmsd. in Harsdörfers Gesprächspiele Th. 1, S. 44—46. — Sollte nicht ein Mißverständniß zum Grunde liegen, und Rudolfs Weltchronik gemeint seyn?

Vor einiger Zeit machte man in Zürich große Anstalten zu einer neuen Ausgabe der Pariser Handschr. der Minnesinger. Es sollte auch eine treue Copie der Bilder beygefügt, die Bodmersche Ausgabe durchaus berichtigt und ergänzt werden. Hat sich alles dieß zerschlagen? Diesen Sommer wird, wie ich höre, Hagen, auf Kosten der Preuß. Regierung, eine Reise nach Paris machen, wobey es vorzüglich auf diesen Codex abgesehen ist.

Über Boner bin ich durch den Grafen Mulinen zu Bern belehrt worden. Des tiuvels segi wird erwähnt in Joh. Heumann exercitationes juris universi præcipue germanici Altdorf. 1749. 4. In einer Abhandlung de lingua occulta, die dort p. 180 steht, werden ein paar specimina von Amman und Schreiber und von edeln knechten mitgetheilt. Von wem Heumann die Handschrift hatte, sagt er nicht bestimmt; vermuthlich aus der Ebnerschen Bibliothek. Man müßte also in Nürnberg und Erlangen (dorthin ist die Altdorfer Bibliothek gekommen) nach der Handschr. forschen. — Gabr. v. Montavel ist mir gänzlich unbekannt. — Die Anzeige des 4. Bandes des Liedersaals erwartet wohl besser die noch rückständigen Bogen. — Mit der größten Dankbarkeit und Verehrung verharre ich

Eurer Hochwohlgebornen Gnaden gehorsamster Diener
Göttingen, May 1. 1823. Benecke.

NS. So eben erfahre ich, daß von hier aus nach dem südlichen Deutschlande Packete nur bis Frankfurt franco geschickt werden können, weil das hiesige Postamt nicht die Taxe kenne, nach welcher das Porto auf den Taxischen Posten berechnet werde. Da ich dagegen bemerkte, daß dasselbe Packet, das ich jetzt abschicken wolle, von Constanz unfrankirt hierher gekommen sey, so erhielt die Antwort, daß dadurch allerdings das Porto bestimmt sey, indem dasselbe Packet hin nicht mehr kosten könne als es her gekostet habe. Ich belegte daher mit dem Umschlage meines von Constanz erhaltenen Packetes, daß ich 2 Rth. 12 gg. (4 fl. 30 kr.) bezahlt hatte, und bezahlte nun für die Zurücksendung dieselbe Summe als ganzes Porto. Sollte dessen ungeachtet die dortige Post einen Nachschuß verlangen, so bitte ich Euere Hochwohlgebornen Gnaden, mich davon zu benachrichtigen, um ungesäumt meine Schuld abtragen zu können.

Auf jeden Fall aber muß ich gehorsamst bitten, mir mit ein Paar Worten den Empfang des Packetes anzuzeigen.

Meine Verhandlungen mit der Post sind Ursache, daß diese Nachschrift von spätem Datum ist als mein Brief.

May 5.

6.

Hochgeborner Freyherr,
Gnädiger Herr,

Ich hätte kein erfreulicheres Neujahrsgeschenk erhalten können als den zweyten Band des Liedersales, und den Brief, vom 9. Decemb., mit welchem Eure Hochgeborne Gnaden das Buch zu begleiten die Güte hatten. Möge diesem zweyten Bande nun recht bald auch der dritte und die Vorrede zum vierten folgen, und somit auch andern Freunden altdeutscher Kunst der Eppishauser Liedersal geöffnet werden. — Der Weingartner so wie der Heidelberger Codex der Minnelieder gehören allerdings zu den wichtigen Überresten alter Dichtkunst, und Eure Hochgebornen Gnaden würden sich also durch den Abdruck derselben ein großes Verdienst erwerben. Ich für meine Person wüßte nichts was dem fünften Bande angemessener wäre, und die diplomatische Genauigkeit, welche Sie Sich zum Gesetze gemacht haben, würde bey diesen beiden Handschriften sehr willkommen seyn. — Eine vollständige critische Ausgabe des ganzen Vorrathes der Minnelieder erwarte ich in den nächsten zehen Jahren nicht; und, was sie für die Zukunft erleichtern kann, ist und bleibt also höchst verdienstlich. Wie manches muß noch in der Grammatik und besonders in der Metrik genauer untersucht und bestimmt werden, ehe man an eine auf immer genügende critische Ausgabe denken kann. Das Unternehmen der Schweizer den Pariser Codex samt seinen Bildern vollständig und treu abdrucken zu lassen, scheint aufgegeben zu seyn, wahrscheinlich schrecken die Kosten des Unternehmens von der Ausführung ab.

Ich erinnere mich in diesem Augenblicke nicht bestimmt, ob der Weing. u. Heidelb. Codex musicalische Noten enthalten. Auch diese verdienen treu nachgezeichnet und lithographiert zu werden. Sie sind an sich, und vielleicht auch für die Metrik wichtig.

Prof. Lachmann ist auf seiner Rückreise einige Tage bey mir gewesen, und hat mir sehr die geneigte Aufnahme gerühmt, die er bey Eurer Hochgebornen Gnaden gefunden hat. Er ist ein gelehrter, scharfsinniger und fleißiger Mann, und ich denke nicht ohne wahre Freude daran, daß ich das Glück gehabt habe, durch meinen Unterricht einen solchen Kopf für unsere vaterländische Kunst zu wecken und zu gewinnen. Den meisten meiner Zuhörer genügt erleichterter Genuß des vorhandenen; Lachmann ist dazu gemacht, das ganze Gebäude fester zu begründen, und seiner Vollendung — auch in den kleinsten Einzelheiten — näher zu bringen.

Der Anno des Fr. Junius zu Oxford hat schon vor mehreren Jahren meine Neugierde rege gemacht, und ich habe mich desfalls an Bekannte in England gewandt, aber immer noch keine ordentliche Antwort erhalten. Ich vermuthe, daß die Papiere von Junius Hand sind, und keineswegs eine alte Handschrift. Aber Junius war ein gelehrter, mit der alten Sprache vertrauter Mann; auch eine Abschrift von seiner Hand kann also Werth haben. — Leider habe ich in Oxford selbst keinen Bekannten, an den ich mich wenden könnte, und für Durchreisende hat der Gebrauch der dortigen Bibliotheken gar manche Schwierigkeit. So bald ich indeß genauere Auskunft erhalte, werde ich sie Eurer Hochgebornen Gnaden ungesäumt mittheilen.

Euere Hochgeborne Gnaden würden mich außerordentlich verpflichten, wenn Sie mir behülflich wären, die Baseler Pergament-Handschrift des Bonerius auf kurze Zeit zur Ansicht zu erhalten. Ich habe in Basel ganz und gar keine Bekanntschaft. Zugleich möchte ich auch eine andere Handschrift daher bekommen: Sc̄e martinen bůch Cod. membr. 293 — fol — bibl. publica. Wäre es möglich, daß diese beiden Handschriften Mitte künftigen Märzmonats hier in Göttingen wären, so könnte ich sie während der Osterferien benutzen, und würde sie sodann unverzüglich mit dem besten Danke zurückschicken. — Fände man es in Basel vielleicht angemessener, diese beiden Handschriften auf kurze Zeit einer öffentlichen Anstalt zu leihen, so könnten sie auch an unsere Bibliothek gesandt werden, gegen deren Verantwortlichkeit für die richtige Zurücklieferung gewiß kein Bedenken eintreten würde. — Ist diese meine Bitte unbescheiden, so bitte ich Euro Hochgebornen Gnaden, sie als nicht gethan anzusehen.

Der Himmel schenke Ihnen ein recht glückliches Jahr; mir aber erbitte ich von Ihnen die fernere Fortdauer Ihres gütigen Wohlwollens.

Mit der vollkommensten Hochachtung habe ich die Ehre zu seyn
Eurer Hochgeboren Gnaden gehorsamst ergebener Diener,
Göttingen Jan. 1. 1825.   GF. Benecke.

7.

Hochwohlgeborner Freyherr,
Gnädiger Herr,

Die außerordentliche Güte, welche mir Euro Hochwohlgeborne Gnaden durch die Caution für die Baseler Handschriften bewiesen haben, beschämt mich wahrhaftig so sehr, daß ich kaum weiß, wie ich Ihnen meinen Dank dafür beseigen soll. Es würde mir nie in den Sinn gekommen seyn, Sie mit einer Bitte um ein günstiges Vorwort zu behelligen, wenn ich hätte voraus sehen können, wie schwer es hält, ein Buch von der Baseler Bibliothek geliehen zu bekommen. Das Gutsagen der Universität, das Hr. Prof. Huber zuerst verlangte, war freylich eine ganz unausführbare Sache; allein ich würde lieber auf die Handschriften verzichtet haben, als daß ich zugegeben hätte, daß Sie eine Summe von 100 großen Thalern niederlegen sollten, wenn Sie mir nur irgend Zeit gelassen hätten, dieses allzu großmüthige Anerbieten abzulehnen. So wie die Sache jetzt steht, bleibt mir nun freylich nichts übrig, als mich zu unterwerfen, und mich als Ihren großen, höchst verpflichteten Schuldner zu bekennen. — So bald die Handschriften in meinen Händen sind, werde ich nicht säumen, Eure Hochwohlgeborne Gnaden davon zu benachrichtigen. Mit Boners Fabeln werde ich in wenig Tagen fertig seyn; wie viel Zeit die zweyte Handschrift erfordern wird, kann ich aber, da ich sie gar nicht kenne, nicht voraus bestimmen.

Zu der Beendigung des dritten Bandes des Liedersaales wünsche ich Ihnen von Herzen Glück. — Ihren Gruß an Hr. Lachmann, der jetzt als Professor in Berlin angestellt ist — wohl nicht zu Hagens Zufriedenheit —, habe ich sogleich zu bestellen Gelegenheit gehabt. — Ein zweyter Apostel der strengen altdeutschen Schule, der Regierungsrath Graff, der Verfasser des Buches über die Präpositionen, ist vielleicht bereits in St. Gallen eingetroffen. Wenn dieser Mann nicht durch seine schwache Gesundheit gehindert wird, so dürfen wir eine ersprießliche Ausbeute seiner Reise erwarten; denn seine Kenntnisse sind gründlich, und sein Eifer ist groß.

Wenn ich jetzt Ihnen so nahe wäre, als Hr. Graff es wahrscheinlich ist, so würde ich nicht säumen, sogleich nach Eppishausen zu wallfahrten, und Ihnen mündlich die Verehrung zu versichern, mit welcher ich stets seyn werde

Eurer Hochwohlgebornen Gnaden gehorsamster Diener,

Göttingen, Jun. 30. 1825. George Friederich Benecke.

8.

Hochwohlgeborner Freyherr,
Gnädiger Herr,

Ich verfehle nicht Eurer Hochwohlgebornen Gnaden anzuzeigen, daß die beiden Handschriften vor drey Tagen unversehrt und richtig angekommen sind. Zugleich wiederhohle ich meinen gehorsamsten Dank für die außerordentliche Güte, welche Sie mir bey dieser Gelegenheit bewiesen haben. Ich werde nun jede Stunde, die ich nur von meinen vielen Geschäften erübrigen kann, anwenden, um die Handschriften so bald als nur irgend möglich ist wieder zurück zu schicken, um Eure Hochwohlgeborne Gnaden von der so gütig übernommenen Bürgschaft zu erledigen.

Zugleich statte ich meinen gehorsamsten Dank für den dritten Band des Liedersales ab. Mit meiner Anzeige wartete ich immer auf die Vorreden und Inhaltsanzeigen, und bitte daher recht sehr mir diese, so bald sie erschienen seyn werden, durch Buchhändlergelegenheit zuzuschicken.

Wenn ich Eure Hochwohlgeborne Gnaden auch nicht auf eine Villa Epponis einladen kann, so kann ich Ihnen doch in einem gut gelegenen Stadthause ein bequemes Zimmer anbieten. Ich brauche Sie nicht zu versichern, welche Freude es mir seyn würde Sie unter meinem Dache zu beherbergen.

Der Hug von Langenstein ist offenbar von 1293, nicht von 1223, wie die Carteuser hinein geschrieben haben. — Die Abschrift der Fabeln muß ursprünglich ein wahres Prachtstück gewesen seyn; schade nur daß so viele Blätter davon verloren sind.

Mit der dankbarsten Ergebenheit habe ich die Ehre zu seyn

Eurer Hochwohlgebornen Gnaden gehorsamster Diener

Göttingen Jul. 20. 1825. Benecke.

9.

Hochgeborner Freyherr,
Gnädiger Herr,

Mit dem herzlichsten Danke, zu dem Eurer Gnaden außerordentliche Güte mich auf immer verpflichtet, erfolgen hier die Handschriften des Bonerius und des Hug von Langenstein. Das Gedicht des letztern ist zwar sehr gedehnt, aber es ist doch manches daraus für die mhd. Sprache zu lernen, und ich habe es um so nöthiger gefunden, Auszüge daraus zu machen, da es wohl nicht so leicht gedruckt werden dürfte. Da mich eine Reise, die ich in unsern Herbstferien nach Straslund und der Insel Rügen machte, abgehalten hat, meine Ferien zu der Vergleichung der Handschriften anzuwenden, so bin ich erst jetzt damit fertig geworden, und bitte Eure Gnaden mein Zögern gütigst zu entschuldigen. Zugleich muß ich Eure Gnaden dringend bitten, mir die Auslagen, die Sie bereits gehabt haben, und bey der Zurücksendung der Handschriften haben werden — vielleicht kommt selbst jetzt, trotz alles dessen was ich auf der hiesigen Post thue, ein 'Reicht nicht' auf die Adresse — zu melden, damit ich mich dieser Schuld so bald als möglich entledigen könne.

Die Register etc. zu dem Liedersaale, welche Sie so gütig waren, mir zu versprechen, darf ich wohl durch Buchhändler-Gelegenheit erwarten. So bald ich diese erhalten habe, werde ich nicht säumen, für unsere Gel. Zeitungen eine Anzeige zu machen.

Ich habe mich mit Hr. Prof. Lachmann zu einer Ausgabe des Iwein vereinigt, wovon bereits einige Bogen gedruckt sind. So bald das Buch fertig ist, werde ich mir die Freyheit nehmen, es Eurer Gnaden zu überreichen. — Der zweyte Band der Grammatik von Grimm wird nächste Oster-Messe erscheinen Er enthält eine Masse von Gelehrsamkeit, die in Erstaunen setzt. Auch von der Reise des Hr. Reg. R. Graff haben wir eine reiche Ernte zu erwarten; besonders werden unsere ahd. Glossen-Sammlungen sehr vermehrt und berichtigt werden.

Da ich für fremde Sachen weit mehr besorgt bin, als für meine eigenen, so darf ich Eure Gnaden wohl gehorsamst bitten, mir mit einer Zeile den richtigen Empfang der Handschriften zu melden.

Unter den aufrichtigsten Wünschen für Ihr beständiges Wohl, und unter den Gefühlen des innigsten Dankes habe ich die Ehre mich Eurer Gnaden fernerem Wohlwollen zu empfehlen, und zu verharren

Eurer Gnaden gehorsamst verbundener Diener,
Göttingen, Dec. 23. 1825. GF. Benecke.

10.

Hochwohlgeborner Freyherr,
Hochverehrter Freund,

Empfangen Sie meinen herzlichsten dank für das Eggenliet und für den mir höchst schätzbaren beweis Ihres freundlichen andenkens an den alten landsmann. Und zugleich erlauben Sie mir die bitte, bey einem neuen abdrucke, das mir nicht geziemende „gönner" in das treuherzige „freund" umzutauschen. Mit dieser anrede begrüßen diese zeilen Sie, mit dieser werde ich Sie begrüßen, wenn Sie mir die freude machen, Sie hier in Göttingen zu sehen. Wäre ich weniger durch die bibliothek gefesselt, so hätten Sie mich längst in Eppishausen gesehen. Glauben Sie mir, daß ich unsern freund Jacob beneidet habe, als er mir sagte, daß er zu Ihnen wallfahrten wolle, und noch mehr, als er mir sagte, welche frohe stunden er bey Ihnen zugebracht habe. Beyläufig will ich gleich die erwiderung des grußes an ihn, den Ihr brief mir auftrug, hinzufügen.

Nach Junius papieren habe ich lange getrachtet, aber nichts als einen bericht darüber erhalten. Ich habe gehofft, einen oder den andern freund zu finden, der den Anno für mich verständig abschriebe; aber bis jetzt vergebens. Die leute kommen selten nach Oxford, wenigstens nicht auf längere zeit; und eine handschrift aus der bodleyan library zu erhalten, ist äußerst schwer. In Oxford selbst habe ich jetzt keinen genauern bekannten.

Die nachricht von dem schatze, den Sie zu heben denken, hat unsere neugierde aufs höchste gespannt, und ich bitte Sie, lassen Sie uns, der erfolg mag seyn welcher er will, nicht lange darüber in ungewißheit.

Ich habe mittler weile unerwartet eine handschr. aus St. Florian erhalten. Wie ich sie gebraucht habe, zeigt der beyliegende druck, den ich so frey bin Ihnen zu überschicken. Außer dem was ich in meinem büchlein genannt habe enthält die hs. einen Dietrich u. eine Raben-schlacht, dem abdruck in Hagen's sammlung gleich, aber in echterer sprache. Nitharts weisen sind wichtig, bedürfen aber noch mancher aufklärung. Da Sie eine abschrift des Weingartner Cod. haben, so werden sie manches berichtigen können. Der pfaffe Âmîs aber ist jetzt wirklich, wie ich in der vorrede gesagt habe schaugar.

Da ich überzeugt bin, daß der Pariser Cod. der Minnesänger nicht die Maneßische sammlung ist, so wäre es noch immer möglich, diese irgendwo in der schweiz zu finden: und ein herrlicher fund würde dieß seyn. Sehen Sie zu, ob Ihr günstiges glück, diesen fund nicht Ihnen zugedacht hat. Beschwören Sie die Maneß Ihnen kund zu thun, wo dieser schatz liegt.

Ich habe unsern Lang gebeten, Ihnen dieses packet zu überschicken, und ich hoffe, er wird nicht säumig seyn.

Bleiben Sie ferner gewogen
Ihrem treu ergebenen
Göttingen, Apr. 8. 1832. Benecke.

11.

Die Göttinger freunde, und keiner sehnlicher als der unterzeichnete, hatten darauf gerechnet, den Freyherr von Laßberg vorigen sommer bey sich zu sehen. Möge doch ja das nächste Jahr bringen was dieses, leider, versagt hat,

Mittlerweile sey dieses wörterbuch sammt den beyliegenden nachträgen zu den frühern anmerkungen zu dem allerliebsten Iwein, ein schwaches unterpfand meiner verehrung und meiner dankbaren ergebenheit.

Göttingen, nov. 20. 1833. Benecke.

12.

Hochgeborner Freyherr,
Hochverehrter Freund,

Mit der größten Freude habe ich auf dem so eben erhaltenen Packete Eurer Hochgebornen Hand gesehen — schön und fest, wie von jeher.

Haben Sie herzlichen Dank für Ihr freundliches Andenken an einen alten Freund und für die Nachrichten, die Sie in Schrift und Druck mir von Ihnen und Ihrem Hause ertheilen.

Leider kan ich sie mit ähnlichen von mir nicht erwiedern: ich leide an geschwollenen Füßen, die mich seit einigen Wochen hindern auf die Bibliothek zu gehen. Ich hoffe, daß mit besserer Witterung auch Besserung eintreten wird. Erlauben Sie mir, daß ich Ihnen im Namen unserer Bibliothek so wohl als meinem eigenen den herzlichsten Dank für Ihr schönes Geschenk abstatte. Gott erhalte Sie und die Ihrigen noch lange Jahre gesund froh und heiter, und genehmigen Sie die Versicherung der aufrichtigsten Verehrung, mit der ich verharre, Eurer Hochgebornen ganz gehorsamster Diener,

Göttingen. Januar 10. 1843. Geo. Friderich Benecke.

II. Briefe von Jacob Grimm.
(1818—1848.)

1. *)

Caßel den 30 März 1818.

Verehrter Freund

sehr erfreulich ist mir Ihre gütige Zuschrift vom 18 Februar gewesen, deren es aber nicht bedurfte, um Ihr Andenken bei mir lebendig zu erhalten; vielmehr hätte ich Ihnen schon einmal geschrieben, wenn ich Ihren Aufenthaltsort bestimmter gewußt; die Adreße Donaueschingen schwebte mir wohl in der Erinnerung vor, aber ich hätte es nun doch nicht damit getroffen. Fast ist es mir jetzt lieb, daß ich meinen Plan, voriges Jahr von Heidelberg, bis wohin ich nur gekommen bin, über Stuttgart nach Sanct Gallen zu reisen, wieder aufgegeben hatte, denn ich wäre der unbewußten Nähe unerachtet an Ihnen vorbeigezogen und nunmehr freue ich mich nicht blos auf die Gallener Handschriften. Vielleicht wird es im Jahr 1819 etwas daraus, denn dieses Jahr kann ich nicht abkommen und nach S. Gallen möchte ich gar zu gern, es müßten denn die dortigen Herrn endlich einmal mit ihrem längst gethanen Versprechen Ernst machen und in den nächsten Jahren ihre monumenta theotisca inedita (sie sollten als Supplement zu Schilter erscheinen) herausgeben. |

Sie erzeigen mir, werthester Herr, einen Gefallen, wenn Sie Sich genau erkundigen wollen (Ildefons v. Arx wird es wohl wißen) ob noch ernstlich von so etwas die Rede ist? Im verneinenden Fall muß ich über kurz oder lang hin und mir Abschriften machen, oder aber für schweres Geld machen laßen. Es kommt mir an namentlich auf die glossae salomonis und einige ungedruckte Sachen des 10 Jahrh. eine Version des Boethius und Martianus Capella. Ich stecke über Hals und Kopf in diesen theotiscis u. laße eben eine altdeutsche Grammatik drucken (in zwei starken Bänden) und könnte in manchen Stücken sicherer reden, wenn dreierlei gedruckt wäre 1.) die jetzt zu Mailand wunderbar entdeckten gothischen Denkmäler 2.) die münchner altsächsische Evangelienharmonie 3.) die befragten San Gallener Anecdota. — Übrigens laßen Sie mich hier ausrufen: welche Sprache in der Welt hat eine solche urkundliche Geschichte, funfzehnhundert Secula hindurch als die germanische? und welche ist mehr im Stand eine wahrhafte Grammatik aus sich aufzustellen? Welch ein herrliches Zeugniß für das deutsche Volk und sein ganzes Wesen! |

---

*) Nur dieser erste Brief ist mit deutscher, die folgenden sind sämmtlich mit lateinischer Schrift geschrieben.

Für die mitgetheilte Probe eines Steinstichs der mir wohlbekannten Nibelungen Handschrift herzlichen Dank. Meine Meinung wäre: die ganze Handschrift verdient genau gedruckt zu werden, weil es für die Geschichte des Lieds wichtig ist, jede Recension unverkümmert und unvermischt mit andern Lesarten übersehen zu können. Da Sie völlig lesbar ist, so wird durch Facsimile's nichts gewonnen, zum diplomatischen Gebrauch reichen einzelne Blätter hin; dagegen möchte der Durchzeichner am Ende oder bald ermüden und oberflächlich arbeiten. Die Probe scheint mir übrigens getreu, mitunter die Züge etwas zu blaß u. stumpf, was aber überhaupt dem Steindruck zur Last fällt.

Der Gevatter Eckstein ist ein guter Kerl, aber im Schreiben und Antworten äußerst fahrläßig; er kann nie dazu kommen, so oft er sichs vornimmt. Sind Ihnen denn Meinerts Volkslieder aus dem Kuhländchen zugesandt worden?*) Ich habe die zu vertheilenden Exemplare an Haxthausen nach Cöln geschickt und Ihnen gebührt gewiß auch eins. Die Lieder sind gar schön. Ich kann im Fall der Noth noch ein Exemplar abgeben und es Ihrem Sohn | zustellen, wenn er mich auf der Durchreise einmal besuchen will.

Gott erhalte Sie gesund und vergnügt. Ich bin mit einer nochmaligen Reise nach Paris, bald nach der Rückkunft von Wien, endlich seit zwei Jahren aller diplomatischen Sendungen überhoben worden und stehe unsrer hiesigen Bibliothek vor. Sie und das nahe Göttingen bieten mir genug Hülfsmittel dar und ich arbeite froh fort. Der Reinhart Fuchs wird erst Michaeli oder Ostern 1819 herausgehen, ich lege Ihnen die Anzeige bei. Ein zweiter Band deutscher Sagen erscheint diese Ostern; verschließen Sie Ihre Ohren nicht den thurgäuer Land- und Volkssagen, es wäre mir eine rechte Freude. Seyn Sie von Herzen gegrüßt und um fernere Freundschaft gebeten. Jacob Grimm.

2.

Lasbergio, viro humanissimo
S. P. D.
Jacobus Grimm

annum praeterfluere non sinam, quin ad ea, quae literis Tuis, 15 Jun. mihi scriptis, ex me quaesivisti, respondeam. De codice cujus jam editionem paras ne fando aliquid antea audiveram, nec dubito multa in eo inesse, quae plurimum conferre valeant ad historiam linguae nostrae atque poëseos; videntur in hoc codice carmina contineri, quantum e speciminibus mihi transmissis conjicere possum, quae genium seculi decimi quarti, imo quinti, sapiunt; huc refero v. 9 scripturam u pro $\ddot{u}$ (uch, uwerm), u pro $\ddot{u}$ (tunt), y pro i (myn) et similia. pag. 7. l. 1. 9 pp. si $d\ddot{u}$ ponatur, hoc quidem male se habet, cum ratio grammatica $d\acute{u}$ (i. e. diu) in nominativo casu postulet, in accusativo die; nihil tamen impedit, quo minus in accusativo di (pro die) scribatur, uti ead. pag. lin. 13. In talibus quidem titubat orthographia sec. XIV saepiusque a recto aberrat, sed et vitiis docemur ideoque jure nihil mutas. In verbis singulis nonnulla mutarim, quae vix intelliguntur aut depravata sunt. | lineam 22 ejusdem paginae non assequor, nec quomodo restitui debeat video. linea 30 in hunc modum restituenda est: dez (pro des) ich mit jamer *wart*. linea 32 cum verbis

---

*) Vgl. Alte deutsche Volkslieder in der Mundart des Kuhländchens. Herausgegeben von Jos. G. Meinert I. Bd. (Wien 1817), Vorrede S. VI, Anmerkung. W.

antecedentibus aperte conjungi debet: daz ich wol sprechen mag, als Job etc. a linea 35 nihil abest, lineam 36 ita lege: mins lebens, sölich not och (ouch) nüsset min sel etc. at intelligo, vir amicissime, Te in eo laborare, ut codicis indolem licet multis in locis vitiosam summa cum fide repraesentes. Neque hoc quidem vitupero, cum ubi tot moveant dubitationem nec omnia ad veram lectionem revocari queant, frustra in singulis sudaveris.

De San-Gallensium laboribus et cura, quam omnes boni ut tandem in edenda monumenta secculi decimi impendant summopere optant, nihil mandas. Grammaticae meae tomus prior mense proximo prodibit; plures sane nodos dissolvissem, nisi tot tantisque monumentis caruissem. Vale amorisque nihil remitte, quo amplecteris linguae nostrae antiquae studium. scr. Cassellis V. ante Cal. Jun. 1819.

audio novam eamque accuratissimam editionem Codicis Manessiorum praeparari a Turicensibus.

3.

Cassel 5 Juli 1822.

Verehrter Freund,

hierbei sende ich ein Exemplar der neuen Auflage meiner Grammatik, mit der Bitte, es freundlich aufzunehmen. Es sind keine auf beßer Papier abgezogen worden und das Druckpapier unserer Gegend nimmt sich elend aus. Darf ich bitten die Einlage an Stalder auf dem besten Wege zu befördern?

Wie steht es um die Fortsetzung des Liedersals? ich habe erst beim schluß meiner Arbeit ihn genauer zu lesen angefangen; das schönste Stück ist n° 50 der Ehrenkrans.

Füglistaller mit seinem Notker zaudert gar zu sehr; treiben sie doch auch an, damit ein so treffliches und nöthiges Werk nicht unterbleibt. Und schreiben Sie mir einmahl von Ihren seitherigen Entdeckungen und Vorhaben. Mit unveränderter Hochachtung
der Ihrige

Jacob Grimm

Den Brief an Wyß bitte ich auf die Post zu geben.

der Pack ist mehrere Wochen durch eine vereitelte Gelegenheit aufgehalten worden und geht nun erst heute mit der Post ab 3 August.

4.

Cassel 21 Februar 1825.

Verehrter freund,

ich hatte mir vorgesetzt, so bald ich den zweiten band Ihres liedersals gelesen haben würde, Ihnen umständlich zu schreiben und zu danken. Bei aller meiner begierde bin ich so überhäuft mit arbeit, daß ich noch nicht einmahl dazu gelangt bin, anzufangen. Sonst hätte ich ihn gleich in den ersten tagen zu ende gebracht. Ihre edle bemühung um unsere alte poesie ist des größten lobes werth. Von dem herben verlust, der Sie betroffen, wuste ich schon durch Lachmann; mögen die zeit und Ihre studien Ihnen allen trost bringen, dessen Sie fähig sind. Unser ganzes leben und treiben ist ja nach Gottes willen eine räthselhafte mischung von freude und trauer.

Einen ausführlichen brief über buch und vorrede schreibe ich, wenn ich erst dazu gelangt bin, beide ordentlich zu genießen.

Jetzt wollte ich Ihnen nur den über | bringer dieser Zeilen, Herrn Doctor

Maßmann aus Berlin empfehlen, der ebenfalls unserer alten sprache und dichtkunst wegen reist und hauptsächlich vorhat, die sogenannte Kaiserchronik herauszugeben. Durch Sie wird er bei Arx am besten eingeführt werden, wenn er anders bis nach S. Gallen gelangt und einige wochen daselbst verweilen kann. Empfehlen Sie mich dem verdienten Herrn von Arx gleichfalls. Vielleicht wird dieses jahr noch was aus meiner reise nach Mailand und dann spreche ich im vorbeigang vor. Lachmann wird Ihnen davon erzählt haben. Lachmann bleibt den winter über zu Berlin; vielleicht auch länger.

Hagen steht vielleicht ab von seiner überschnellen ausgabe der MS. — wenn er die schwierigkeit der sache reiflicher bedenkt oder darauf geführt wird.

Von herzen bin und bleibe ich

Ihr aufrichtiger freund und diener
Grimm.

5.

Cassel 19 merz 1826.

Verehrter freund,

hierbei sende ich, noch warm vom amboß, das neugeschmiedete grammatische eisen; es ist seiner natur nach ungeschmeidig und zu wohlgefälliger form unverarbeitet, mit der zeit und durch neue umbrechung wird sichs schon beßer anlaßen. Wenigstens hab ich doch gestrebt, das eisenhaltige werk unsrer edlen sprache an tag zu fördern und nicht, gleich meinen grammatischen vorgängern, in dreck und leim herumzupatschen.

Meiner vorgehabten mailänder reise (und wie schön gewesen wäre es, Sie dabei heimzusuchen!) hat der letzte brief Mazzuchellis wieder ein hamit in den weg geschoben. Man muß die welschen dünkelhaften geizhälse gewähren laßen, bis es ihnen beliebt, sich mit einem barbarischen monument, das das schicksal in ihre gewalt gespielt hat, zu befaßen.

Für den Littouwer danke ich schönstens. Sollte der schluß auf Hug von Langenstein als verfaßer, weil sich das stück mit dessen Martina in einem bande vorfindet, nicht zu gewagt sein? Soviel ich in der kürze sehe, scheint auch sprache und poesie in beiden gedichten verschieden. Vom liedersaal besitze ich nur theil 1 und 2; weder den dritten, noch den, worin die Nibel. gedruckt, die ich einmahl bei Lachmann gesehen hatte. Sie können mich durch geschenk des fehlenden sehr erfreuen.

Mit herzlicher hochachtung Ihr

Grimm.

6.

Caßel 7. febr. 1827. verehrter freund, der dritte band des liedersaals war mir eine höchst willkommne weihnachtsgabe. Ist denn nun die ganze handschrift ausgedruckt? fast sollte ichs daraus schließen, weil im vierten die Nibelungen folgen. Ich besitze jetzt durch Ihre güte den ersten band (1820), den zweiten (1822) und dritten (1825). Alle drei sind unser einem, mit ihrem reichen inhalt, ganz unentbehrlich. Ihre arbeit und aufopferung verdienen jedermanns dank.

Woher Sie die Elisa von Portugall und graf Albrecht von Werdenb. nehmen, rathe ich noch nicht, denn Thomas Lirers erzählung, aus dem ich die fabel kenne, ist nicht sehr umständlich. Den ritter mit dem bock dürfen wir künftig wohl auch einmahl aus Ihrer hand erwarten.

Den dritten band der grammatik werde ich Ihnen dieses jahr nicht senden können; ich bin zur erhohlung von dem wörterwust hinter eine andere längst bedachte arbeit über das altdeutsche recht gerathen. Auch für sie leistet mir der liedersal manchen dienst. Sollten etwan ungedruckte schwäbische dorfweisthümer oder wichtige juristische urkunden in Ihrer gewalt sein, so würden Sie mich durch deren mittheilung, in abschrift oder auszug, sehr erfreuen. Sonderbar, daß sich keine codices picturati des schwabenspiegels, wie des sachsensp. finden. Die von Kopp, Mone und Weber herausg. bilder der heidelb. hs sind Ihnen ohne zweifel bekannt.

Zu Ihren forschungen über die minnesänger weiß ich nichts neues beizutragen, von Hagens neuer ausg. mit den häßlichen holländ. buchstaben soll schon viel fertig sein, ich habe noch nichts gesehen. Den frauendienst wollte immer Docen herausgeben und daß es ein andrer wollte habe ich auch nicht vernommen. Suchenwirts gedichte sind eben von Primisser recht ordentlich und fleißig bekannt gemacht worden.

Benecke erwiedert den gruß. Ich bin von herzen mit unveränderter freundschaft und hochachtung   Ihr
                                                              Jacob Grimm.

7.

Cassel 15. octob. 1828.

Sie erhalten hierbei, verehrtester freund, ein buch, womit ich das letzte jahr meine grammatischen studien unterbrochen habe. Sind Sie nicht auch ein studierter jurist? dann wird es vielleicht die lang 'zugetrochene' neigung wieder anfachen. Aber auch sonst kann es Ihnen hin und wieder vergnügen machen, oder brauchbar scheinen.

Unter der ausarbeitung habe ich oft gespürt, daß mir noch wichtige quellen und materialien aus Ihrer heimat, die wahrscheinlich vorhanden sind, abgiengen. Ich meine damit, nicht stadtrechte, sondern dorfweisthümer, öffnungen, bauersprachen aus Alamannien, wie sie vom 15—17 jahrh. niedergeschrieben wurden. Können Sie mir zu dergl. helfen, so wird es mir von größtem nutzen sein. Ich habe in der einlage (die ich weiter gehen zu laßen bitte) an Wyß geschrieben, ob er nicht die pag. 959 und 962 näher citierte Feldheimer dorföffnung und Murer hofjüngersprache aus Zürich verschaffen kann? Desgleichen muß es in der Schweiz, im Elsaß, in dem alamannischen Schwaben genug unbekanntes geben, was ich gerne der vergeßenheit entreißen, wenigstens benutzen| möchte. Lesen Sie meine vorrede. Selbst bücher, worin erkleckliches für meine arbeit zu vermuthen war, aus dortiger gegend konnten mit aller mühe nicht aufgetrieben werden, z. B. des Arx geschichte des Buchsgau. S. Gallen bei Huber vor noch nicht langer zeit gedruckt. Durch drei oder vier buchhändler hab ichs vergeblich verschrieben Die reimchronik des Appenzellerkriegs habe ich endlich erhalten.

Halling, ein tübinger student, erzählte mir von neu angekommenen handschriften, die er bei Ihnen gesehen, wuste aber nichts näheres. Er hat Fischarts schiff drucken laßen.

Meusebach wird nun endlich an seine ausgabe aller werke Fischarts hand anlegen.

        Leben Sie wohl und bleiben günstig
                            Ihrem   Jacob Grimm.

8.

[Postzeichen: Cassel 18. Dec. 1828]

Sie haben, verehrtester freund, mir ein treffliches gegengeschenk gemacht. Vorerst danke ich Ihnen für die freundliche aufnahme meiner rechtsalterthümer; sodann ist mir Arx Buchsgau, und besonders das grüne exemplar mit seinen marginalien, das ich nunmehr besitze, eine erwünschte gabe; und von Pupikofers Thurgau hätte ich wohl erst nach einem halben jahr gehört, geschweige das buch in händen gehabt. Pupikofers text, gestehe ich, gefällt mir nicht in allen stücken, aber seine abgedruckten urkunden sind mir recht, zumal die Engwyler, Güttinger und Tägerwyleröffnungen nr. 78. 79. 85.

Was mir aber im ganzen paquet die größte freude machte, ist die zierliche und classische abschrift der Ermatinger öffnung von der hand meines werthen freundes; ich hebe sie so sorgfältig auf, wie den ring mit dem engelskopf, den Sie mir zu Wien verehrt haben. Alle ferneren mittheilungen ähnlicher dorföffnungen fördern meinen zweck gewaltig und sollen höchst willkommen sein. In der einlage (die ich etwas zurück laufen zu laßen ersuche) gehe ich auch den prof. Schreiber, dessen urkundensamml. sehr tüchtig ist, an. Den längst gewünschten und vermisten band des liedersaals, worin Ihre Nibelungen gedruckt sind, haben Sie beizufügen vergeßen. Vielleicht kann er künftig mit dem schluß des Pupikofer kommen.

Ulrich von Cecichon steht auch in Schreibers samml. nr. 45 (a. 1280—90); seinen Lanzilot hab ich noch nie lesen können, es ist aber eine abschrift der Wiener hs. zu Berlin.

Mehr zu schreiben ist heute nicht zeit, ich wollte bloß danken und bitten: Der himmel stärke Ihre augen. Ihr verdienst um die minnesänger wird nie verkannt werden und der liedersal wird, je länger man ihn braucht, einem unentbehrlich.

Behalten Sie lieb Ihren treuen freund

Jacob Grimm.

Auch Benecke läßt danken für den Littower.

9.

Cassel 10 jan. 1829.

Theuerster freund und gevatter, unsere letzten briefe hatten sich gekreuzt und längst werden Sie nun meine danksagung für Ihr richtig angelangtes paket empfangen haben. Es geht heutzutag auf den postwagen nichts mehr verloren, aber daß Sie noch im zweifel waren, ist mir zum vortheil ausgeschlagen, nämlich sonst hätten Sie Ihr zweites höchst willkommnes schreiben nicht so bald nachgesandt. Der beifall, den Sie und andere meinem buch schenken, freut mich innig und die anmerkungen, die Sie mir dazu mittheilen, sind mir erwünscht und lehrreich. Von professoren juris habe ich briefe darüber erhalten, die mich zwar auch loben, und einzelne bemerkungen, die mir zwar auch nützen; aber die Ihrigen sind mir lieber, weil ich deutlich sehe, daß Sie mein buch ordentlich gelesen haben und weil Ihnen aus dem schatz Ihres gedächtnisses, das scharf sein muß, mehr für meinen zweck taugendes beifällt, als jenen. Also die glossen zum zweiten band sind Ihnen durchaus nicht erlaßen, sondern ich bitte darum inständig. Bei einer neuen ausgabe soll alles aufs gewißenhafteste gebraucht werden.

Ich erwiedere vorläufig hier einzelnes, zur bestätigung oder im widerspruch. p. 138 *starkten* für strakten ist sehr plausibel. s. 144. daß das ohrzupfen auch **alemannisch** ist, thut mir leid und ich erwarte beweise dafür, die ich noch nicht kenne. Alemannische urkunden bei Goldast und Neugart haben es nicht, so viel ich mich besinnen kann. Den höchst seltnen cod. trad. sangallensium konnte ich noch nie zu gesicht bekommen, auch auf der gött. bibl. fehlt er, die meisten exemplare sollen in S. Blasien verbrannt sein. Sollte er vielleicht auch bairische oder von Baiern ausgestellte diplome enthalten, in welchen die aurium tractio vorkommt? — Aus Ihrem *voeu du paon* bekomme ich zu 2, 901 wohl auch den beleg? sonderbar daß die deutsche sitte des mittelalters das gelübde nicht zu kennen scheint. — zu s. 317. schalla und schallawerk fehlt bei Stalder (wie vieles andere). — freihals aus helsen, donare, gebe ich nicht zu. es heißt auch eigentlich nicht donare, sondern salutare, ahd. heilisôn, heilizan, steht also für hêlsen, heilsen; und daraus kann die alte form *frîhals* nicht entspringen. | Auch chuiltiwerch aus zwilch scheint mir bedenklich, *chui* kann allerdings für *sui* stehen, nicht aber *lt* für *lch*. Sehr lieb war mir das thurgauer volkslied vom alten mann.

Wie verstehen und erklären Sie das bekannte scuopoza, schuboße, schuppiße in urkunden Ihrer gegend für hube, mansus?

Die weiteren versprochenen dorföffnungen werden für meine untersuchungen höchst ersprießlich werden, ich weiß keinen anderen rath, als Ihre augen zu schonen und sie abschreiben zu laßen, auf meine kosten und auf die gefahr einiger incorrectheiten. Beim durchlesen merke ich leicht, wo es hapert, und bitte Sie dann einzelne sätze oder wörter im original nachzusehen. Die abschrift sein Sie demnächst so gut, mit den letzten bogen des Pupikofer, auf den postwagen zu geben und auf der addresse zu bemerken: *gedruckte sachen*. Stehen Sie in verbindung mit dem Freiburger H. Schreiber? ich habe ihn auch um weisthümer gebeten und wenn er etwas mitzutheilen hat, so könnte das in demselben paket mitkommen.

Nach Mailand zu reisen ist verlorne arbeit, weil Castiglioni [*sic!*] und Mazuchelli niemanden zur handschrift laßen; aber schön wäre, unterweges einzukehren in Eppishusen! Ich hoffe aber doch noch hin zu gelangen, wo nicht dieses jahr, das künftige, denn ich werde von Stuttgarter und Münchner freunden eingeladen und von da ist der classische bodensee nicht zu weit. Der gute Benecke, mein treuster freund, der mir jede woche einen brief schreibt, läßt unsern Lafsbergäre von herzen grüfsen.

Ganz Ihr   Jac. Grimm.

10.

Schon wieder haben Sie mich, lieber freund und gevatter, durch brief und zusendungen erfreut, ich erstatte für alles, zumal für die Eppishauser öffnung von Ihrer und die Thurlinder von Pupikofers hand den herzlichsten dank. Auch der dritte band des Liedersals, der, wenn er im publicum erscheinen wird, noch mir zu ehren mit einer dedication ausgestattet sein soll, bleibt mir ein werthes andenken Ihrer freundschaft und zuneigung. Das ist der schönste und seltenste lohn schriftstellerischer arbeiten, daß sie einem freunde gewinnen. Aus meiner reise in Ihre heimath muß, so Gott will, noch einmal etwas werden und wie manches werde ich dann mündlich von Ihnen vernehmen, das man sich nicht schreiben kann und mag.

Die ausgabe des Hildebrands (noch aus westphälischer zeit!) folgt hierbei, es wundert mich, daß ich sie nicht längst gesandt habe; es ist eine schülerarbeit, die hoffentlich durch eine viel beßere ausgabe ersetzt werden soll. Casparsons Wilhelm der heilige, Cassel 1781. 1784. 2 bände in quart ist, zumal der zweite theil, übermäßig selten, weil das buch in den fünf ersten jahren nach seiner erscheinung fast ganz zu krämerduten verbraucht worden ist. Indessen gebe ich mir mühe in auctionen etwa noch ein exemplar für Sie zu erhaschen, da kommt auch Slieffens leben, und häufiger, vor. Ich lege jetzt noch ein exemplar von meines bruders runen bei; bald soll von ihm noch ein andres buch eintreffen.

Können Sie mir das Solothurner wochenblatt vom jahr 1818 oder bloß die nummern und bogen daraus schaffen, worin der Matzendorfer hofrodel und die Breitenbacher öfnung gedruckt steht? das lehren mich citate in Arx Buchsgau p. 33. 97. 102. 104. |

Nun erlauben Sie mir noch einiges zu erwiedern auf Ihre bemerkungen zu den rechtsalterthümern; fortsetzung bis zu ende dürfen Sie mir nicht vorenthalten. Auch Oberlin 1453 leitet scopoza von schupfen; es gefällt mir aber nicht und ich denke vielmehr an schoppe, casa, aedificium, zumal rusticum. Ducarge s. v. schoppa, schopparius, altfranzös. eschope, eschopier. ein scoparius ist also = mansuarius und scopa (scopoza) = mansus.

Von einem thüringisch hessischen reigergelübde oder pfauengelübde weiß ich nichts und sollte es doch wirklich wißen, da mir unsere geschichte und chroniken näher liegen. Ist Ihnen also Ihr gedächtnis nicht untreu, so steht mir eine beschämung bevor.

Duplex kann in unsrer alten sprache zuilíh oder quilíh lauten, nicht aber zuilihł, quilihł; folglich bleibt das t in chuiltiwerch aus jenem unerklärbar.

Gegen anlage investitura, anlegen investire habe ich nichts, aber auch keine belege dafür, nämlich im rechtssinn.

Von einer neuen aufl. Stalders höre ich mit vergnügen. was macht denn Füglistaller? hängt er, seit er geistlicher herr geworden ist, seine schönen sprachstudien an den nagel? Mein briefwechsel mit ihm hat aufgehört und ich glaube nicht durch meine schuld.

Den alten ehrlichen Benecke hab ich vorige woche zu Göttingen heimgesucht, er ist noch ungemein rüstig und erwiedert Ihren gruß. Was er mit Eichhorn über mein buch geurtheilt hat, lehrt die beilage.

Ihr verdienstliches vorhaben mit dem 2ten theil des episcop. constant. | bedarf meines lobes nicht, die druckkosten werden schon herauskommen, aber nicht viel drüber. Gleich erwünscht ist mir die nachricht, daß Jäger den cod. trad. sangall. neu drucken laßen will. Von Jägers zeitschrift verlautet noch nichts näheres.

Über Liechtensteins frauendienst erbarmt sich, so Gott will, unser Lachmann. Daß Schmeller Docens würdiger nachfolger geworden ist, werden Sie gehört haben, sein bairisches wörterbuch ist ein muster von fleiß, gelehrsamkeit und scharfsinn. Stalder wird mühe haben, daß er das seinige auf diese höhe hinaufarbeitet. Vale et ama Tuissimum

Cassel 15. merz 1829. Jac. Grimm.

11.

Cassel 24 aug. 1829.

Freilich hätte ich meinen lieben freund und gevatter auf seinen reichen und erfreulichen brief vom 24. juni längst schon antworten und nicht noch den zweiten gestern abend angelangten, vom 14. dieses monats abwarten sollen. Schuld war das beifolgende buch, das schon vor sechs wochen bis auf den titelbogen ausgedruckt war und nun bis jetzt hingehalten wurde. Mein bruder, der Sie gleich mir hochschätzt und liebt, bittet es freundschaftlich aufzunehmen und ein wenig darin zu blättern; besonders empfehle ich den schlußabschnitt. Nun muß aber auch mein dank für die empfangnen unvergleichlichen mittheilungen, die ich nicht wieder wett machen kann, ordentlich ins einzelne gehen. Vor allem freute mich die treuherzige warme erzählung aus der Trifelserburg; jugenderinnerungen sind doch die schönsten und werden immer schöner, ich möchte mich, so oft ich daran gedenke, in meine schuljahre zurückversetzen (viel lieber als in die studentenjahre) die bücher unter den arm nehmen und fröhlich über den markt springen. So leicht ums herz wirds einem hernach doch nie wieder, als damals; wie voll und verweilend ist die zeit der jugend, ein tag mehr als jetzt eine schnell verrauschende woche!

Zweitens meinen aufrichtigen glückwunsch zu der aufgefundnen wichtigen handschrift. Benecke grüßt und theilt meine freude. Wollen Sie den winter oder das frühjahr ihm den codex hersenden, so wird er den Orlenz, zu dem er bereits andere treffliche bruchstücke gesammelt hat, gern vergleichen. Ich kenne das schöne gedicht (unstreitig das schönste Rudolfs) aus einer hiesigen papierhandschrift, | worin es 15555 verse zählt. aber auch Sigenot und Ecken ausfahrt auf pergament sind höchst willkommen und Wilhelms vermuthungen über das spätere alter werden sich danach schon modificieren.

Drittens. Ihre redlichen und erfolgreichen bemühungen mir dorfweisthümer und öffnungen herbeizuschaffen kann ich nicht genug Ihnen danken. Ich lerne in menge daraus, und erlebt mein buch die zweite auflage, so sollen Sie sehen, wie viel und meinen dank in der vorrede öffentlich ausgesprochen lesen. Vergeßen Sie nicht herrn professor Orelli und herrn Pupikofer in meinem namen für ihre geschenke und abschriften herzlich zu danken; bei jeder gelegenheit werde ich diesen männern gegengefälligkeiten, wo sie nur in meinen kräften stehen, zu erweisen bereit sein. Der abdruck des appenzeller landbuchs war mir auch sehr lieb. Können Sie mir gelegentlich das Solothurner wochenblatt von 1813 schaffen? es steht ein Matzendorfer hofrodel und eine Breitenbacher öfnung darin gedruckt, vielleicht noch anderes.

Ihr letzter brief verschafft mir endlich die langgewünschte Murer öfnung, in sauberster abschrift von Ihrer eignen hand. Das alles wird heilig aufbewahrt und treulich benutzt.

Hätte ich doch auch diesen sommer oder herbst einmal einsiehen können in Ihre gastfreie burg und Ihre anlockende bibliothek, nach Uhland, Mayer, Orelli, Schwab und den andern. aber ich habe die letzte zeit voll sorgen und manigfalter gedanken | durchlebt, ich werde vielleicht bald Cassel und mein liebes vaterland für immer verlassen. unterhandlungen sind angesponnen, uns an einen andern, nicht sehr fernen ort, zu ziehen; den erfolg wird Ihnen wahrscheinlich schon mein nächster brief zu melden haben. Dadurch bin ich aber ziemlich gestört worden und werde nicht sobald wieder in die gehörige ruhe gelangen, wenn etwas aus der sache wird. Ich habe am dritten theil der grammatik fortgearbeitet, außerdem Castiglionis gothischen zweiten Corintherbrief ausführlich für die Wiener jahrbücher recensiert; lesen Sie das doch.

Hagens minnelieder sind noch unausgegeben und ich habe bis jetzt keinen buchstaben davon zu gesicht bekommen. Da er in den letzten fünf jahren nichts hat drucken laßen, bin ich gespannt darauf zu sehen, wie viel er seitdem zugelernt hat, was ihm bekanntlich sehr noth that. Was Sie von dem buch sagen, macht mich aber besorgt.

Schlieffens buch in einer der beiden ausgaben (worauf nicht viel ankommen wird) ist für Sie bei drei buchhändlern bestellt, die auf alle gelegenheit achten sollen, wo ein exemplar auftaucht. Casparsons Oranse haben Sie in einer auction gekauft, hier zu lande ist es höchst selten. Mehr ist nicht heraus, der ungedruckte dritte theil würde noch drei oder vier bände gefüllt haben. aber die hauptsache ist Wolframs werk, im zweiten band.

Wilhelm läßt das Hildebrandslied getreu und sauber lithographieren; es versteht sich daß Ihnen ein abdruck zugedacht ist. |

Meusebach denkt jetzt hand an den Fischart zu legen und sein höchst vollständiges vortreffliches Material zum besten der welt bekannt zu machen. Eine hübsche humoristische anzeige des glückhaften schiffs von Halling hat er neulich in die hallische lit. zeitung geliefert. Die imperativzusammensetzungen, die Sie gesammelt haben sind für mich, Sie können sie also das nächstemal an mich schicken. Den Fust von Stromberg will ich mir suchen zu verschaffen*).

Leben Sie wohl, theuerster freund und behalten lieb

Ihren Jacob Grimm.

habe ich früher einen abdruck meines im jahr 1815 radierten bilds gesandt? sonst soll nächstens ein recht scharfer folgen, damit ich wenigstens an der wand zwischen Ihren büchern hänge.

Beiliegendes diplom habe ich neulich von Breslau empfangen; gut gemeint und unverdient; aber Ihre dorföffnungen fördern mich mehr und freuen mich darum¯mehr.

12.

Cassel 17 novemb. 1829.

Mein theuerster freund,

Sie rathen recht, es geht nach Göttingen und nirgend anders hin, ich bin da professor ord. und bibliothecar geworden und habe schon hier meinen abschied gelöst. Mein bruder geht mit, gleichfalls als bibliothecar und dr. legens. Es hätte schon zehn jahre früher geschehen sollen, damals waren unsere organe noch weicher, unser ganzes wesen fügsamer. Jetzt nahe ich den fünf und vierzigen und Wilhelm ist nur ein jahr jünger; unseres lebens längste seit ist ohne zweifel in dem geliebten Hessen verstrichen, dem wir immer anhängen werden. Dankbar erkenne ich, daß es mir stille muße gewährte, in der meine arbeiten wurzeln konnten. mein künftiger erfolg unter den studenten bleibt noch problematisch; die bibliothek soll jedoch dem wort und sinn der berufung nach unser hauptamt sein und bleiben. Dem guten Benecke in jeder beziehung nun noch näher zu stehen ist eine wahre freude. Das erste jahr werde ich allerhand noth haben und vielleicht gar grammatik und andere studien an den nagel hängen müßen, der dritte theil schwitzt jetzt unter der presse. aber jedweder übergang hat was unbequemes und das neue, beßere findet sich im gefühl erst hintennach.

Es ist ganz die art wahrer wohlthäter, nicht zu wißen was ihre hand gethan hat. Ich schreibe Ihnen also hierher, | wie Sie verlangen, welche weisthümer und öfnungen Sie mir gesandt haben : 1. vom Kelnhof zu Ermatingen. 2. urbar, öfnung und gerichtszwang zu Aepplishofen. 3. öfn. von Flaach und Volken. 4. öfn. von Mur.

---

*) Jac. Maiers bekanntes Ritterschauspiel, 1782 zu Mannheim und später anderwärts noch öfter gedruckt. W.

6. des kelnhofs zu Wellhausen. 6. öfn. der bergknecht. 7. von Langenerchingen. 8. von Niderbüren. 9. von Thurlinden. alle mir lieb und wichtig, zumal nr. 1. 2. 4. Die ferner überschickten rechte von Kyburg, Wädischweil, Appenzell und den freien ämtern gehören in eine andere reihe waren mir aber auch willkommen. Weitere nachforschungen haben Sie verheißen, ich kann ihnen also mit sicherheit entgegensehen.

Der Zartener und Kilchzartener dingrodel, die Schreiber neulich in seinen Freiburger urk. herausgegeben hat, sind werthvoll.

Man fängt an auch anderwärts aufzumerken. im 67 heft der jahrbücher für preuß. gesetzgebung sind mir zu gefallen eben die scheffenweisthümer von Rommersheim und Birresborn (aus der alten abtei Prüm) abgedruckt erschienen, das Rommersheimer ist bedeutend alt, vom jahr 1298.

Ihren Wasserburger Codex werden wir dann künftiges jahr aus Schwabs, Uhlands und Beneckes händen (eine wahre hautreihhida) zur einsicht empfangen und soll säuberlichst damit verfahren werden. | Unser Lachmann hat eben eine critische ausg. des neuen Testaments unter händen. auch steckt er eigentlich unter dem berühmteren namen Iman. Bekker, der den provenzalischen roman von Ferabras, aufgefunden zu Öttingen, splendide zu Berlin drucken läßt. Dann schreibt Lachmann, 6000 verse seiner lang vorbereiteten ausgabe des Wolfram liegen zum druck fertig; ich freue mich gewaltig darauf. Graff läßt zu Königsberg den gesammten Otfried, unter dem richtigen titel Krist erscheinen. Wann kommt denn Uhlands buch?

Werner Haxthausen hat seit drei oder vier jahren in Cöln quittiert und das väterliche gut Bökendorf, 14 Stunden von hier übernommen. ich sehe ihn jährlich, er hat nur ein töchterlein. seine schwester von Zuydtwik wohnt ihrer anhaltend kranken, lieben tochter wegen hier in Cassel und noch eine andere schwester fräulein Anna, ein herzlich gutes Mädchen, mit der wir täglich umgehen und die eben heute einen gebratnen Martinsvogel mit uns verzehren soll. August Haxthausen hat eben ein buch über westphäl. agrarverfaßung bekannt gemacht, das mir nicht omnibus numeris genügt.

Bis neujahr bleiben wir hier, uns mit den hiesigen freunden und verwandten zu letzen, dann gehts über den Lutternberg ins neue leben, in welchem ich nichtsweniger lieb behalten will meinen alten freund und gevatter Laßberg. Also Gott befohlen!
Jac. Grimm.

13.
Göttingen 20 apr. 1830.
Liebster freund,
ohne Ihren neuen brief vom 9 apr. wäre freilich die antwort auf den vom 25 febr. noch einige wochen länger aufgeschoben worden; es sollte ein kleines paquet für Sie fertig gemacht werden, das noch auf allerhand ungedrucktes aber sehr bald zu druckendes wartet. Wenn ich bedenke wie viel freude mir Ihre briefe und sendungen machen, wie alles darin ein frisches, freundliches und zutrauliches ansehen hat, so erscheine ich mir ordentlich Ihrer correspondenz unwerth, der ich mit magern und späten nachrichten angerückt komme und dessen briefen man lange nicht das behagliche und ruhige der Ihrigen ansieht. Und wie wäre es auch anders? mir stehen keine duftenden blumen zur seite, ich sitze in einem engen stübchen zwischen zum theil unausgepackten bücherschränken, den tisch mit einem haufen von arbeiten belastet. Was seid ihr unabhängigen leute für seelige menschen! im mittel-

alter definierte man die freiheit: abito quo voles! ich möchte sicher die formel lieber: facito quae voles! Ich genieße hier weit weniger arbeitsmuße als in Cassel, die bibliothek kostet jeden tag sechs stunden, die durch ihre regelmäßigkeit ermüden; dazu kommt nun vorerst nur eine vorlesung (über rechtsalterthümer) und die nöthige vorbereitung darauf. Dann die societätssitzungen und was damit zusammen hängt; allerhand andere öffentliche actus mehr. Urtheilen Sie selbst, welche zeit außer der, die eßen, trinken, zeitungslesen, besuche und gesellschaften wegnehmen, übrig bleibt für das ausarbeiten meiner grammatik, für mein inneres fortstudieren und für das unabläßige lesen der quellen. Wie viel hundert bücher die ich lesen möchte, ja müste, bleiben ungelesen. Dazu tritt einem manchmal noch ein hartnäckiger schnupfen, oder kopfschmerz und augenweh in die queer und man möchte monate lang das bischen mühsamer gelehrsamkeit an die wand hängen und menschlicher und weiser zu leben trachten. Freilich flüstert einem dann wieder eine andere, auch von innenher kommende stimme: in dem fortarbeiten beruht doch all dein glück und die fäden hängen unablösbar in einander fest; schnittest du irgend einen ab, der dir entbehrlich scheint, du würdest unvorsichtig einen tiefer liegenden verletzen, an dem dir alles hängen kann.

Also muth und geduld; dafür kennen wir auch gar keine langeweile, die zeit fliegt wie ein pfeil und eine menge unerwarteter entdeckungen und genüße reihen sich an einander. Viertelstündige ruhe heitert uns mehr auf als einen ungeschäftigen menschen die glückliche ausfüllung ganzer stunden.

Ich klage also nicht, ich meine nur, daß ich auf andere weise noch vergnügter leben und vielleicht auch mehr leisten würde. ich habe aber zumal als neuer professor noch gar keine erfahrung und kann eigentlich erst nach einigen jahren über meine gegenwärtige stellung gehörig vertheilen. Aller anfang ist schwer und das gute noch nicht abzusehen, was sich im verlauf der neu betretenen bahn entwickeln kann.

Ich will lieber danken, 1. für die willkommnen dorföffnungen (num. 7. kloster Seon in Baiern 1440 war nicht darunter, oder steht alles in monim. boicis 2, 164?) 2. für die schönen abdrücke des Sigenot, die Ihrem befehl nach ausgetheilt worden sind 3. für Pupikofer tom. 2. (es betrübt mich fast, daß er die Ermatingeröffnung nun bekanntgemacht hat, die ich einmal nach Ihrer schönen copie herauszugeben dachte; indessen ist mir der mann selbst so gefällig gewesen und das stück passt selbst so gut in sein buch, daß ich es ihm von herzen gönne) 4. für die (noch ungelesene) geschichte von Toggenburg. Mein bruder dankt seinerseits für die schätzbaren bemerkungen zum grafen Ruodolf und behält sich vor einiges darauf zu erwiedern. Kaum bin ich hiermit zu ende, so kündigt Ihr letzter brief neue und noch wichtigere gaben an.

Die traditiones San Gallenses, die ich nie mit augen gesehen und wonach ich lange gestrebt habe, wollen Sie unserer bibliothek verehren! fürwahr ein so seltnes werk schlägt niemand aus, wenn er auch ganz beschämt gar nicht weiß, ob er es je mit einer gegengabe vergelten kann. Alle berichtigungen, die Sie zuvor noch eintragen wollen, werden dem exemplar einen gesteigerten höheren werth beilegen. Ich weiß zwar daß viele der hier abgedruckten urkunden auch wieder in den codex von Neugart aufgenommen worden sind, aber jene samlung muß weit reicher und also noch wichtiger sein. Haben Sie daher dank, daß Sie bei dieser seltnen acquisition gleich an uns dachten. Ich bitte das ganze per postwagen unter meiner adresse, zugleich mit der bemerkung, daß es ein buch für die kön.

univ. bibliothek enthalte, abzusenden und die für mich durch Ihre güte gesammelten dorföffnungen können beigepackt werden.

Der frühe tod des guten prof. Wyß in Bern thut mir leid, er wird kaum funfzig jahre alt geworden sein und vielleicht kommt sein Anshelm nun nicht vollständig heraus. Dagegen freut mich die neue wenn auch kleine frist die dem alten von Arx gegönnt ist, der rüstige mann hat seiner berühmten bibliothek so einsichtsvoll und tüchtig vorgestanden, daß er schwerlich ersetzt werden kann.

Grüßen Sie mir doch beide, Stalder und Füglistaller. Die neue quartausgabe des wörterbuchs wird, wenn man auch einiges anders geordnet wünschen möchte, viel willkommnes enthalten und es ist mir auch bequem, daß nun alles in einen band zusammen kommen soll. Füglistallers übersetzung des Otfrieds in die neue sprache scheint mir dagegen ein sonderbares unternehmen, für das ich mir kein rechtes publicum denken kann*). Wißen Sie daß vielleicht zwei critische ausgaben des Otfrieds in diesem jahr noch herauskommen werden? Graff läßt ihn zu Königsberg in quart drucken, und ich höre daß auch Hoffmann (von Fallersleben) in Breslau seine früher vorgehabte ausgabe darum nicht zurückhalten wird. Welche nun zuerst erscheint, über die will ich nächstes wintersemester hier eine vorlesung halten. Nächstdem wird nun endlich die langersehnte altsächs. Evangelienharmonie durch Schmellers bemühung heuer fertig (bei Cotta, gleichfalls in quart) unter dem neu gewählten titel Heliand (salvator), ein schönes und würdiges gegenstück zu Otfried.

Fierabras ist wirklich aus Lachmanns abschrift durch den berühmten philologen Imanuel Bekker herausgegeben Berlin b. Reimer 1829 in 4 erschienen und ein in vieler hinsicht lehrreiches werk; vornen sind viele auszüge aus nordfranzös. ungedruckten gedichten, zum theil nach Uhlands abschriften, den das ganze höchlich interessieren muß.

Lachmann selbst beschäftigt sich mit einer critischen ausg. des neuen testaments. Das gedicht an dessen ausgabe er zugleich arbeitet und dessen titel mir jüngst in der feder stecken geblieben war, ist kein anderes als Wolframs berühmter Parcival. Die ausgabe wird musterhaft werden. ich wollte nur ich hätte sie schon in händen.

Unser Benecke hat glücklicherweise aus Oestreich eine noch ganz unbekannte handschrift unedierter gedichte des Nithart zugesandt erhalten, bereits säuberlichst (wie er pflegt) abgeschrieben und ich denke für den baldigen druck bestimmt. Er bestellt herzliche grüße und wird Ihre Wasserburger handschrift des Orlens mit vergnügen erwarten, nachdem Sie zuvor Ecken ausfahrt ebenso zierlich wie den Sigenot daraus mitgetheilt haben werden.

Aus welchem grunde, liebster freund, enthalten Sie mir immer noch ein exemplar Ihres abdrucks der Nibelungen vor, um das ich schon manchmal gebeten habe? ich muß es beständig, so oft ich darin nachzuschlagen habe, von Benecke borgen.

Scheller zu Braunschweig ist ein windbeutel, der nichts versteht als das heutige plattdeutsch. er hat es versucht, die Nibelungen in diesen dialect zu übertragen, die vorgebliche handschrift ist eine alberne fiction und die ganze arbeit wird etwas jämmerliches sein.

Den Meusebach will ich nächstens an seine pflicht erinnern Ihnen zu ant-

---

*) Sie kam bekanntlich nie ins Publicum, ist aber noch handschriftlich vorhanden. Vgl. Joh. Kelles Mittheilungen im Serapeum vom J. 1860, Nr. 5 ff. W.

worten; er ist diesen winter sehr durch häusliche vorfälle, namentlich den tod seines schwiegervaters gestört worden.

Werner Haxthausen steht im begriff mit seiner frau und dem einzigen kind, das sie haben, eine gesundheitsreise nach Nizza zu machen, ich weiß nicht ob ihn sein weg an den Bodensee führt. Sein bruder August hat ein buch über die westphäl. agrarverfaßung (1829. Berlin b. Reimer) herausgegeben, das nicht übel ist. Ob das schöne für mich von Ihnen ersonnene reiseproject ausgeführt werden kann, liegt noch in den knien der götter. Nach Mailand darf ich kaum gedenken, Castiglioni hat mir meine aufrichtig tadelnde, aber ebenso aufrichtig anerkennende rec. seiner epist. ad Corinth. Wiener jahrb. band XLVI. 1829 höchst übel genommen; das sind seltsame käuze, diese Italiener voll eitelkeit und ohne alles gefühl für frische regsamkeit in der literatur. Ich dachte dem mann mit meinen erörterungen freude zu machen und habe ihm damit vor den kopf gestoßen, was ich wahrlich nicht wollte. |

Bald hätte ich vergeßen die verlangte auskunft über den vom seel. Ittner (im jahr 1798) der hiesigen bibl. verehrten Schwabenspiegel zu ertheilen. Er ist auf papier, ohne jahrzahl, den schriftzügen nach aus der ersten hälfte des 15 jh. und so viel ich in der geschwindigkeit sehe, ohne besondern werth. Es bedarf daher für Sie keiner nähern beschreibung.

Ihr kostbarer fund gewährt ohne zweifel eine der ältesten niederschriften, wo nicht die älteste bekannte. denn viel früher scheint die redaction gar nicht vor 1287 abgefaßt. Ich habe gleich die mir mitgetheilte schlußformel einem hiesigen collegen zum besten gegeben, der ein programm drucken läßt, worin auch die frage nach dem alter des schwäb. landrechts verhandelt wird. Sie sollen es mitgesandt erhalten.

Überlegen Sie doch einmal, in welche hauptpuncte Sie die differenz des heutigen schwäbischen und allemannischen volksdialects setzen würden? Ich möchte die sache näher ergründen. Das mir gesandte, von Ihnen richtig beurtheilte stück des magist. Schönhut liefert einen treuen beitrag zur schwäbischen mundart. Sie kennen ohne zweifel die in den letzten fünf jahren zu Heilbronn gedruckten stücke eines ungenannten, aber darum nicht unbekannten (er heißt Wagner): die dorfschulmeisterwahl, es gibt doch noch eine hochzeit, madame Justitia u. s. w. Die meisten voll witz und laune, doch nicht alle von gleichem werth der erfindung; in allen aber mehrere würtembergische mundarten trefflich aufgefaßt.

Für heute Gott befohlen. Behalten Sie lieb Ihren treuen freund u. gevatter

Jac. Grimm.

14.

Göttingen 8 aug. 1830.

Mein lieber, guter, geprüfter freund schreibt mir da unterm 1 august einen zornigen brief, worin er thut, als wenn Er mich nicht geprüft hätte und mir nicht traute. Zur strafe dafür will ich ihm denn nun gleich auf der stelle antworten und meinerseits thun, als ob er die gründe gar nicht wiße und nicht errathen könne, weshalb ich ihm lange nicht geschrieben habe. Denn sonst hätte ich es wahrscheinlich auch heute nicht gethan, sondern auf die ferien verspart und dann lieber andere dinge gemeldet, als die zeit mit entschuldigungen verdorben, die so triftig sind, daß ich dann beinahe geglaubt haben würde, ich brauchte ihrer gar nicht zu gedenken und andere könnten sich schon eine der wahrheit nahkommende vorstellung davon bilden.

Aber er wills nicht anders haben, also wiße er, der mensch dem er ein undankbares herz und kurzen sinn (nach art der langhaarigen weiber) zutraut, hat täglich folgendes zu leisten: er muß 6, sage sechs, lange geschlagene stunden mitten im besten tag auf der bibliothek zubringen und darf daselbst nicht feiern, blättern, lesen, sondern er muß kopf, hände und füße gebrauchen, was in der sommerhitze ein wenig abmattet. Daneben nun auch colleg zu lesen ist für einen professor, der in seinem leben noch nie gelesen hat, eine tüchtige anstrengung; | ein solches colleg ist wie eine predig, in der man nicht stecken bleiben soll, und kehrt täglich zu bestimmter zeit wieder, und in den 50 minuten, die es dauert, muß man eine menge worte sprechen. Dergleichen kostet reifliche und mühsame vorbereitung.

Hierzu kommen allerhand academische actus, anfragen, studentenbesuche u. s. w. was alles zum amt gehört. Zum leben gehören noch andere dinge, außer essen, trinken, zeitung lesen, viertelstundenlangem kosen und tändeln mit meines bruders kindern traf diesen sommer noch extraordinarie zusammen: besuche und einladungen von seiten der collegen, besuche von durchreisenden bekannten und unbekannten, besuch meiner schwester und meines schwagers mit ihren kindern.

Nun fragt sichs nach den privatarbeiten, zu denen der innere trieb am größten ist: grammatik III. deren druck diesen winter begonnen hatte und bis s. 304 gediehen ist (sie liegt seit merz still, weil ich kein ms. mehr ausarbeiten kann, so sehr es mich quält und so sehr mich der verleger plagt); zwanzig umständliche recensionen, die ich gerne schreiben würde, wäre zeit da, hundert neue bücher, die ich nothwendig lesen, | studieren, excerpieren muß; umständliche antworten auf briefe von Lachmann, Schmeller, Kopitar, Laßberg, Mone, Hoffmann, Bopp, Wackernagel u. a. die mir mein schweigen vielleicht übel nehmen, obgleich hunderterlei zu berühren ist und mich einzelnes auf tagelange untersuchungen führen kann.

Unter solchen umständen läßt ein ehrlicher mann briefe wie alles übrige monate lang liegen und möchte manchmal, weil er abgehetzt wird und nicht thun darf, was er gern thäte, den plunder abwerfen und in die freie welt hinaus flüchten. Was meint der herr gevatter, wenn er drei oder vier stunden des kühlen morgens im offenen raum, duftende blumen neben sich, gelesen und geschrieben hat, so kann er, wies ihn gelüstet, herum wandeln, reiten, fahren, schiffen, fischen, jagen, plaudern und sich wieder an den tisch setzen. Dann gedeihen auch briefe und mittheilungen, heitere, erzählende und scheltende. Wenn man aber oft vier fünf tage lang hintereinander von den tischen, bänken und schränken nicht los kommt, um eine viertelstunde auf den wall unter die bäume zu laufen, so lebt und arbeitet man zwar immer noch vergnügt und glücklich fort, aber sehnt sich doch nach einem ruhigeren seligeren zustand, in dem man | viel mehr bleibendes und dauerndes hervorbringen würde. Hätte ich nur das, was ich brauchte um sorgenlos und mäßig zu leben und nach eigner herzenslust studieren zu können, ich gäbe alle öffentl. ehre und stelle auf. In Cassel gefiel mirs zehnmal beßer.

Und nun, mein hochzuverehrender herr, Freiherr, Kämmerer, bedauern Sie mich und haben geduld mit mir, ich zehre dankbar und erkenntlich an Ihrer freundschaft und an den mittheilungen, wodurch Sie meine studien fördern, aber ich freße nichts davon auf. Eine zeile empfang schreiben kann auch der arbeitbeladenste mann jederzeit, das hätte ich auch gekonnt, ich glaubte es nicht nöthig zu haben, weil auf den posten nichts verloren geht, und weil ich ordentlich ausführlich zu schreiben gedachte. Daß mir Ihre briefe und zusendungen angenehm waren müßen Sie längst

gemerkt haben, sonst hätten Sie damit längst eingehalten. Doch mir fällt bei, daß ich vor anderthalb monaten einer Casseler familie, die in die Schweiz reist, ein paquet für Sie mitgegeben habe, worin auch der empfang des Ihrigen angezeigt ist. Ganz undankbar war ich also nicht. Und auch in zukunft keine versicherungen dessen mehr, das sich meiner meinung nach von selbst versteht! Die Franzosen machen uns, seitdem Sie Ihren letzten brief absandten, wieder warm genug; das geistreiche lebendige volk hat keine rube, aber der abgesetzte König war doch auch zu tactlos. Ich bin mit alter freundschaft Ihr Jacob Grimm.
die traditiones sangall. zieren, nebst der urkunde, schon bei meinen lebzeiten, die öffentl. bibliothek.

15.

Göttingen 5 apr. 1831.

Ich habe wenig erfreuliches zu melden, lieber alter freund, und mancherlei ausgestanden, seit ich Ihnen zuletzt geschrieben. Bald nach neujahr erkrankte mein guter bruder an einer lungenentzündung und wurde dem tode nahe gebracht. Gott sei dank, er hat ihn uns von neuem geschenkt, aber die genesung schreitet langsam vor und noch immer muß er das zimmer hüten. Dadurch bin ich, abgesehen von unsäglicher angst und sorge, in meinen arbeiten, die diesen winter besonders gefördert werden sollten, überaus zurückgeblieben; der dritte band der gramm. kann nun zur ostermesse nicht erscheinen und ich werde Ihnen erst im laufe des sommers ein exemplar davon senden können.

In der welt wird es stündlich trüber und ängstlicher. Die Franzosen sind ein leidiges, schlimmes volk, das die freiheit will, aber nicht ertragen kann und kein wahres gefühl von gerechtigkeit in der brust hat. Wären wir Deutsche politisch so einig, wie sie, und könnten unsere natürliche kraft brauchen, sie sollten bald zur rube gebracht werden. Die gefahr pflegt uns aber zu beßern und zu ermuthigen, ich hoffe und vertraue, daß wir zuletzt siegreich daraus hervorgehen werden. Wer weiß wie vieles anders sein wird, wenn ich Ihnen wieder schreibe, unter allen umständen bin und bleibe ich aber Ihr getreuer freund

Jacob Grimm.

Sie haben ohne zweifel Krauts programm und später hin meines richtig empfangen?

16.

Göttingen 24 octob. 1831.

Mein lieber Lafsberg,

Da sitze ich nun wieder auf dem alten fleck in meiner stube, die heitere, wohlthätige reise ist wie ein traum verschwebt. Links zur seite im fenster ist eine sorgsam bewahrte und unversehrt heimgebrachte bunte scheibe vom glaser eingefügt und die immer noch freundliche herbstsonne leuchtet dadurch. Wie ihre farbe nicht erbleicht, so wird auch die erinnerung an die zu Eppishausen erfahrene freundschaft und gastfreiheit nicht in meiner seele untergehen. Tausend dank dafür, mein edler freund. Im geiste sehe ich Ihnen noch immer vom dampfschif auf das Rorschacher ufer nach und suche Ihre gestalt unter der menge hervor. Wie glücklich leben Sie in dem schönen Eppishausen mit der aussicht in den nahen wald, die grünen sanft aufsteigenden gärten und das ferne gebirge; inwendig im hause mit stiller, reinlicher, unablässiger thätigkeit. Möchte es mir vergönnt sein, noch einmal bei Ihnen einzukehren. Freilich wäre es mir lieber, allein und ungestört von andern bei Ihnen zu sein, und Ihre schätze langsamer genießen zu können. Ich gehe von natur lieber mit wenigen um, als mit vielen auf einmal.

Meine reise über Friedrichshafen, Ravensberg, Ulm, Stuttgart, Pforzheim und dann wieder ins gewohntere geleise von Carlsruhe, Heidelberg, Darmstadt, Frankfurt, Marburg, Cassel gieng bei unausgesetzt günstigem wetter auf das vergnügteste vor sich. Uhland hab ich leider nicht gesehen; er war tags zuvor von Stuttgart nach Tübingen abgereist und eine reisegelegenheit nach Carlsruhe hinderte mich länger zu verweilen und einen ausflug nach Tübingen zu unternehmen. So habe ich denn ihn und Ihre von ihm zurückgesandten hss. verfehlen müssen. Schwab war voll freundschaft u. gefälligkeit. Bei ihm sah ich abends Wolfg. Menzel und den jüngeren Pfizer. In Carlsruhe wurden meine abschriften auf dem archiv glücklich flott gemacht. Zu Heidelberg brachte ich den abend | bei Schlosser und Mone zu und freute mich über des letzteren sammlungen und die schönen hss. des Reinardus und Isengrimus (aus dem IX. X. jh.) der jetzt bei Cotta gedruckt erscheint; ein höchst merkwürdiges denkmal. Zu Frankfurt waren gastereien und besuche in überfluß, am 18. oct. sah ich dort den feierlichen aufzug auf dem Römerberg mit an, zur feier der Leipzigerschlacht. Die thüren mit rothem tuch ausgeschlagen, der schwarzgekleidete senat auf dem gerüste und die Frankfurter Kriegsmacht im großen staat.

Die Göttinger briefe waren zu frühzeitig geräuchert und durchstochen worden, denn noch ist uns das ungeheuer ziemlich fern, es hat Hamburg und Magdeburg, weiter keinen näheren ort erreicht. Zu Berlin ist prof. Valentin Schmidt, der sich um die romantische (*romanische?*) poesie verdient gemacht, als ein opfer gefallen.

Ich habe Ihre lieben briefe 268. 279. 285. vor mir, den ersten überreichte mir noch höchst willkommen der arme taube Dümgé auf dem Carlsruher archiv. Die in dem letzten brief eingeschloßnen einlagen nach Westphalen habe ich sogleich besorgt.

Hier ist alles gesund von den meinigen, Wilhelm, Dortchen und die kinder. Wilhelm, Dortchen und Benecke grüßen. Die gute, verständige frau Doctor L. bitte ich herzlich zu grüßen, auch A. nicht zu vergessen.

Wenn ich die von Ihnen erhaltenen Dorföffnungen, die zu Carlsruhe abgeschriebnen und einige zu Frankfurt erlangte überschlage, so kommt mir die ausbeute meiner reise sehr stattlich vor. Ich will nun den winter die art der herausgabe erwägen. Aus der Schweiz kenne ich nur öffnungen aus dem Thurgau, St. Gallen und Zürch; sehr erwünscht wären mir Berner, Luzerner und Graubündner, es wäre schön, wenn Ihre unermüdliche freundschaft mir auch einige aus diesen Gegenden verschaffen | könnte. Auch die bitte, für unsere bibliothek gelegentlich ein exemplar des Solothurner wochenblattes zu kaufen wiederhole ich.

Sie sehen der bitten und bittenden werden Sie nicht los; ich habe aber jetzt eben noch viel lebhafter kennen gelernt, daß es Ihre natur und gesinnung mit sich bringt, den arbeiten und bestrebungen anderer vorschub zu thun. Ich bin mit un veränderlicher freundschaft   der Ihrige Jacob Grimm.

es that mir leid, den guten Braun nicht gesehen zu haben.
auch mein Alpenröschenzweig auf dem hut ist glücklich mitgekommen.

17.

Göttingen 26 merz 1832.

Mein lieber Laßberg,

Benecke schickt Ihnen eben sein hübsches buch zu, da will ich dann ein unbedeutendes büchlein mitgeben, der ich eben nichts besseres habe. Aber in den gedanken liegen mir neue arbeiten, vielleicht daß sie in der sommerwärme aus dem kopf in die fingerspitzen und daraus in die feder dringen. Das schwere winterhalbjahr ist gottlob überstanden; nachts träumte ich zuweilen von dem schönen Eppishausen und von dem freundlichen mann, der dort waltet.

Am 1 April 1832.

Ich mache das paquet wieder auf, da es Benecke in seines einzuschließen vergessen hat. Dieses aber lässt er über Ansbach erst zu Lang hingehen und ich will nun das meinige einem collegen mitgeben, der nach München reist, von wo es über Lindau nicht weit zu Ihnen hat und die mir wohlbekannten wogen des Bodensee befahren wird. Eben war Ihre sendung bei Benecke eingetroffen zu unser aller großer freude.

Aber die nachricht von dem bevorstehenden wichtigen fund macht mich sehr gespannt. Ists wieder ein Wasserburgercodex? Sie glücklicher mann; wie unbedeu | tend stehen unsere armseligen flickverdienste neben den Ihrigen, rettenden und erhaltenden. Ist der fund etwas neues, unbekanntes, das über das X jh. zurückgeht, so senden Sie gleich einen renner an uns, oder reisen noch besser hierher und bleiben bei uns wohnen, bis alles gedruckt ist. Aber die nachricht klingt noch allzu räthselhaft und ich fürchte, die handschrift enthält gar keinen deutschen buchstab.

Wie weit gediehen ist Ihres hern sohns ausg. des Schwaben-Spiegels.

iterum valeas et me ames

Gr.

18.

Göttingen 25 nov. 1832.

Lieber freund, fast will es scheinen, daß mein vorjähriger leiblicher besuch Ihnen einen überdruß an mir beigebracht und wenigstens das bedürfnis des briefwechsels gemindert hat, denn auf meine beiden letzten schreiben ist keine silbe antwort erfolgt. Doch nein, es sind gewis andere abhaltungen, die Ihre sonst so wache und lebendige freundschaft etwas eingeschläfert haben, so begierig wir hier auf nachricht über den Wasserburger gothischen codex, den sie voriges frühjahr dem Benecke ankündigten, geblieben sind.

Nun ist wieder ein jahr schnell verflogen unter arbeiten und geschäften, noch mehr unter letztern. Ich hasche nach jeder freien viertelstunde und verschwende keine. Ich schreibe jetzt ein buch über Reinhart Fuchs, gegen Mone, und wenn Sie wichtige neuigkeiten zu dieser thierfabel mitzutheilen haben, dürfen Sie nicht säumen. Nächstdem soll eine deutsche mythologie sogleich an die reihe. Dann erst (1834), wenn es Gott gefällt, die sammlung der weistümer und öfnungen, derentwegen, weil ich unabläßig fortsammle, beikommende antwort an Zellweger, die ich sogleich bitte weitergehen zu lassen, auf seine freundliche erbietungen geschrieben worden ist. Daß ich das alles Ihnen hauptsächlich danke weiß ich dankbarer. Mit dem Reinhart Fuchs sende ich Ihnen Wilhelms früher fertigen Frigedank und noch anderes, z. b. ein nicht übles, genealogisches buch von Schrader über die dynasten zwischen Elbe, Weser und Leine. Lachmanns höchst eleganter Wolfram (enthaltend lieder, Parzival und Willehalm) erscheint ostern, villeicht auch Hagens MS. (aber in 5 quartanten). Von Schmeller und Maßmann höre ich kaum, der junge Braun ist von da nach Leipzig gezogen, auch in Sachsen altd. literatur zu eröfnen.

Wissen Sie ob man in der Schweiz irgendwo den schöpfeimer oder ein anderes brunnengeräth *hôster* (haustrum) benennt?

Ihr herr sohn, ist er gesund aus Frankreich heimgekehrt, und denkt er noch an den Schwabenspiegel?
Hiemit Gott befohlen.
Ihr treuer freund
Jacob Grimm.

19.

Göttingen 19 oct. 1836.

Wie lange, mein theurer freund, habe ich schon die antwort auf Ihren letzten brief mit mir herumgetragen; ich gelange aber schwer und selten an das briefschreiben, und der drucker, der wie ein rabe nach ms. hungert, zwingt mich unabläßig das grammatische feld zu pflügen. es ist von dem vierten band oder der syntax ein alphabet fertig, und ich wollte, das ganze wäre schon zum absenden an Sie gediehen.

Ihren unglücklichen sturz aus dem wagen hörten wir mit der lebhaftesten theilnahme gleich von Hannover aus; Gottlob dafs die folgen davon lange nun schon überstanden sind. die beiden kleinen alemanninnen werden hoffentlich frisch und gesund sein; grüfsen Sie Ihre frau gemahlin von uns auf das herzlichste. Mit Wilhelm stehts immer noch auf dem bösen alten fleck, aber die drei kinder sind in diesem augenblick, unberufen, wol auf, nachdem freilich zwei davon vor zwei monaten das scharlachfieber glücklich bestanden haben.

Für das trefliche facsimile der cantilena Ratperti grofsen dank. Sie thun immer noch mehr als man verlangt. Was Sie von der auflösung der alten musiknoten sagen, leuchtet mir ziemlich ein, mir kams diesmal mehr auf den inhalt der worte an; der verlust des deutschen liedes ist ein jammer.

Wenn doch nur Wackernagel, denn von Füglistaller ists kaum mehr zu hoffen, ernstlich an eine edition | sämtlicher sachen von Notker gienge. ein dringenderes bedürfnis besteht nicht. Sonst melden sich manche andere rüstige Mitarbeiter an. der Ulfilas von Gabelentz und Löbe ist sehr tüchtig und der Isidor von Holzmann gar erfreulich.

Haupt in Zittau, bisher nur mitherausgeber der altd. blätter, wird sich bald hören lassen.

Lachmanns commentar zu den Nib. ist längst gedruckt und zögert nur, weil Wackernagel auf das dazu versprochene glossar warten läßt.

Zu Rom hat man Hartmanns Gregor in einer bisher ungebrauchten hs. entdeckt.

Auch in Belgien regt es sich, besonders zu Gent. Aufser der Chronik von Heelu (prächtig auf kosten der regierung) ist nun auch der vollständige Reinaert Vos erschienen.

Sobald mein buch vergriffen ist, kann ich eine sehr vermehrte ausgabe liefern.

Spornen Sie Ihren sohn zum abdruck des Schwabenspiegels, seine anmerkungen mag er später liefern, jetzt liegt das meiste am text.

Ettmüllers Oswald genügt nicht; aber warum läfst unser Lafsberg seine bessern texte nicht selbst drucken. Wenn er auch geld daran geben mufs, die beiden Hilden werden doch ein anständiges auskommen behalten. |

Das nonnenkloster, über welches im Reinhart das cameel gesetzt wird, hab ich jetzt bestimmt heraus (vid. altdeutsche blätter [I, 417]).

Danken Sie doch gelegentlich dem wackern Zellweger in meinem namen für die sendung seiner treflichen geschichte. Wüste ich dafs ihm eins meiner bücher freude machte, ich sendete es ihm zu.

Können Sie denn unsrer bibl. kein ex. des Solothurner wochenblatts schaffen? neulich ist es sogar nach Greifswald in Pommern gekommen. Wir erstatten die auslagen mit dank.

Sobald die syntax fertig sein wird, sollen meine weisthümer endlich gedruckt werden.

Dortchen, Wilhelm, Benecke grüfsen freundlichst. Stets Ihr

Jac. Grimm.

20.

Göttingen 27 dec. 1836.

Ich antworte auf der stelle, mein theuerster freund, um Ihr gütiges anerbieten des Solothurner wbl. sogleich anzunehmen. der preis von 55 gulden rhein. ist nicht zu hoch, wenn man die seltenheit der sammlung bedenkt, auch wird das exemplar ein hübsches und vollständiges sein, da es einem der herausgeber selbst angehörte. Haben Sie die gewogenheit das exemplar durch frachtfuhr unter der addr. an kön. universitätsbibliothek abgehn zu lassen; Ihr versprechen den Ls. beizupacken, wird dem alten Reufs die gröfste freude verursachen. Dann aber geben Sie mir an, ob ich Ihnen die 55 fl. baar und in welcher münze senden soll? oder schlagen Sie jeden andern weg vor. tausend dank schon vorläufig für Ihre gütige bemühung. Ferner, bitte ich mir auch anzuzeigen, auf welche weise die folgenden jahrgänge des wbl. (falls darin mit dem abdruck der urkunden fortgefahren wird) künftig zu beziehen seien? könnte die bibliothek nicht wie jede andere darauf abonnieren?

Nach somit abgethanem geschäft noch ein paar andere dinge. Das ist eine überraschende meldung, dafs Sie Ihr | liebes Eppishausen verkaufen und den vielen gewonheiten entsagen wollen, die Sie daran fesseln. begierig aber bin ich, ob es dann den edeln Lafsbergære wieder in die schwäbische heimat ziehen wird? Im herbst 1837 haben wir schwer zu reisen, weil dann unser jubilæum eintritt; an Wilhelm und Dortchens stelle gienge ich lieber zu Ihnen, als dafs ich hier bliebe. Mit Wilhelm gehts ein wenig besser, er hat neulich ein büchlein über den Rosengarten fertig gebracht, das er Ihnen durch buchhändlergelegenheit bereits zusandte. Auch Lachmanns comm. zun Nibelungen ist ausgegeben, leider hat Wackernagel das glossar dazu noch nicht fertig. Von meiner Syntax ist erst bis f gedruckt, wie einlage darthut; das soll gar keinen hohen ton bezeichnen.

Hat des Lucerner Kopps schrift in der Schweiz aufsehn gemacht? ich wollte Sie erst (und Idelers sehr mittelmäfsige untersuchung über Tell dazu) recensieren, bin aber nicht dazu gelangt. Des mannes genauigkeit gefällt mir wol. Kommts zu einem allgemeinen | Schweizer diplomatarium, so brauchen wir freilich das darin aufzunehmende Solothurner wochenblatt nicht mehr; es wird aber nicht zu schnell damit gehn. Und wo hängen geblieben sind doch Ihre trad. sgallenses? Empfehlen Sie mich angelegentlich dem wackern Zellweger.

Ihre frau gemahlin unsere alte und wertheste freundin grüfsen wir alle. — Die beiden heranwachsenden töchter einmal zu sehen sind wir höchst begierig. Der treue Benecke läfst sich vielmals empfehlen, ich aber bin und bleibe von herzen

Ihr

Jac. Grimm.

allen himmels segen zum neuen jahr.

urkunden lese ich immer, wo ich kann, ober und niederdeutsche, und lerne stets daraus. die nonnenabtei im Reinhart Fuchs habe ich neulich herausgebracht, s. Haupts u. Hoffmanns altdeutsche blätter p. 417.

21.

Theuerster freund,

Meine grammatik 4, die ernennung zum mitglied unserer societät, und meinen letzten brief werden Sie empfangen und freundlich aufgenommen haben. Heute hätte ich Ihnen eine angelegentliche bitte vorzutragen. Ich lasse eben zwei merkwürdige lateinische Gedichte des X u. XI jh. drucken, Ruodliep und eine in Brüssel gefundne thierfabel. Dazu möchte ich nun den Waltharius geben. ich besitze aus den vielen hss. namentlich pariser und carlsruher collationen, wiewol unvollständige, andere hoffe ich von Pertz zu erhalten. Da Sie aber von lange her bevorrechtet sind auf diese ausgabe, so frage ich billig an, ob Sie noch dazu entschlossen sind und
    entweder den neuen text so weit vorbereitet haben, dafs er alsbald erscheinen könnte?
    oder mir Ihre collationen überlassen wollen.

Der plan meines buches würde, ohne den Waltharius, sehr leiden. Da ich gerade nur das nächste vierteljahr mufse für diese | sachen habe und sie hernach schwerlich wieder vornehmen könnte, so wäre mir Ihre unterstützung höchst erfreulich. Ist Ihnen aber etwas dabei unlieb, so schlagen Sie mein gesuch rund ab. Wo aber nicht, so bitte ich die collationen unverweilt mit post an mich abgehn zu lassen. Herzliche grüfse an Ihre frau.

                mit alter liebe und anhänglichkeit
Göttingen   Ihr   Jacob Grimm.
7 november 1837.

22.

Göttingen 4 dec. 1837.

Ihre beiden sendungen, theuerster freund, sind in meinen händen, sowol Greith als alle Walthariana. Jenen habe ich alsbald gelesen und recensiert; es wird von der redaction abhängen, wann sie meine anzeige drucken lassen will. Mit der ausgabe des Gregor ist uns allen ein wahrer dienst geschehn, wenn gleich der herausg. einige blöfsen gegeben hat. Für den Walthariua herzlichsten dank, ich gehe rasch an die arbeit, so gut es die peinliche zeit gestattet. Merians oder Hases noten und einleitung sind abgeschmackt und fast unbrauchbar. Mit dem Eckehardus und Geraldus ists freilich seltsam, das weifs ich, dafs dieser Geraldus kein floriacensis war, sondern allem schein nach auch ein sangallensis, ich denke derselbe scholarum magister, dessen die casus gedenken, also genosse des alten Eckehardus selbst. Wie freundschaftlich von Ihnen, dafs Sie sich nun auch um das Engelberger fragm. bemühen.

Wenn Sie das Ihnen freilich geringfügige diplom noch nicht erhalten haben, so ist es die versäumnis des alten eigensinnigen Blumenbachs, der seine geschäfte abgeben sollte. Gestehn aber mufs ich, dafs weder Benecke noch ich den gedanken zuerst fafsten, Sie vorzuschlagen, sondern mein bruder Wilhelm, dem wir allerdings einmütig beipflichteten.

Gottes segen und friede sei mit Ihnen und den Ihrigen, wir leben in unruhe und schauen trüb in unsere zukunft.
Wilhelm und Dortchen grüfsen, und ich hundertmal.
                 Ihr treuer freund   Jacob Grimm.

23.
Cassel 27 jan. 1838.

Hierbei, mein geliebter freund, was ich alsbald nach empfang des greithischen buchs niedergeschrieben und abgegeben hatte, was aber erst monate lang nachher gedruckt worden ist, aus erklärlichen gründen. Melden Sie mir, was Sie von dem einwand gegen Hartmanns abkunft aus der Reichenau halten? Prof. Leo zu Halle hat ein interessantes fragment eines lateinischen Gregors bekannt gemacht, wovon ich damals noch nichts ahnte. das lat. gedicht scheint mir nach Hartmann übersetzt, nicht Hartmanns quelle *). Wäre es nur ganz. Von mir und über mich nichts neues. die gewalthaber auf erden können so leicht arme professoren hemmen, dafs diese nur gemach und langsam sich wieder aufzurichten vermögen.

Wilhelm und Dortchen sind gesund, wir alle grüfsen Sie, auch Luis.

Jacob Grimm.

24.
Cassel 17 jan. 1838.

Theuerster freund,

Wie oft habe ich schon Ihre liebreichen und theilnehmenden zuschriften beantworten wollen, und immer die feder zurückgehalten weil ich Ihnen bestimmtere und tröstendere nachrichten über meine zukunft geben zu können glaubte. Noch aber liegt sie verschlossen vor mir, es thun sich nur blicke auf, die bald wieder verschwinden. Ich vertraue aber auf Gott und die stimme in meiner brust, welche mir zuruft, dafs ich recht gehandelt habe. Was kümmern mich die irrthümer und thorheiten zweifelnder und zaghafter menschen. Wilhelm und Dortchen mit den kindern sind noch zu Göttingen und von den vier letzten bin ich schon einmal auf meinen geburtstag hier besucht worden. Solche überraschungen bereiten sich sogar aus schmerzhafter trennung und wie viel freunde mir zur seite stehn, gewahre ich mit herzlicher dankbarkeit.

Auch Sie, mein alter treuer freund, haben sich bei diesem anlafs trefflich erwiesen und die zärtlichste sorgfalt und bekümmernis blicken lassen. Der himmel vergelt es Ihnen. Wäre ich allein, so nähme ich Ihre und des edeln Zellwegers einladung an und verlebte glückliche monate in der Schweiz. meine weitere entfernung würde aber Wilhelm ängstigen und aufserdem der schnellen communication hinderlich sein, die zwischen mir, ihm und den übrigen collegen jetzt noch sehr nothwendig statt findet. Man scheint in Berlin, Hamburg und auch hier auf uns bedacht zu nehmen, aber alles ist noch unsicher. alle diese orte haben bei mir für und gegen sich. Wir befänden uns in einer kleineren südlichen stadt für leib und seele besser, aber wie selten darf der mensch sein loos wählen.

Die biedere meinung und das edle erbieten der Zürcher hat mich innig gerührt und erhoben. Sprechen Sie doch vor allem Orelli meinen und gewis auch meiner genofsen treuen dank aus. Sollte es nicht anders über mich verhängt sein und ich noch einige zeit ohne stelle bleiben, so würde ich mit freuden, und lieber als in vielen andern städten zu Zürch weilen und von einer so ehrenvollen verstattung gebrauch machen. Ich theile Orellis zuschrift an Sie unverweilt meinen übrigen collegen mit. Nur Ewald ist bereits nach London abgereist.

Dem Waltharius ist freilich ein kleiner streich unerwartet gespielt worden,

---

*) Vgl. jedoch Lateinische Gedichte des X. u. XI. Jh. herausg. von Jac. Grimm und Andreas Schmeller pag. XLVII. — Germania 1863, S. 194.

doch habe ich ihn unter den händen und er wird bald fertig gedruckt sein. Die Engelberger lesarten sind mir noch vor thorschlufs richtig zugelangt. Nochmals hundert dank für Ihre freundschaftliche bereitwilligkeit.

Ich lebe hier unbequem (obwol bei einem liebenden bruder, der alles aufbietet), ohne meine bücher und collectaneen, in manigfalter störung, unruhe und innerer bewegung. Möge es bald vorüber sein. Seien Sie und Ihre frau von ganzem herzen gegrüfst. Jacob Grimm.

25.

Cassel 28 merz 1838.

Glückauf, liebster freund, in der neu erworbnen bergfeste, die ich mir nach allen was ich weifs und ahne, höchst reizend denke, und die noch geräumiger sein wird als Eppishausen, gastfreier sein, kann sie nicht. Wol möchte ich sie noch dieses jahr sehn, wenn es mir überhaupt so wohl werden wird. Unser schicksal, in dem kreis, den, mit gewalt eines zauberbannes, die regierungen gezogen haben, liegt noch dunkel. gewissen, freundestrost und andere gute dinge stehn uns bei. Der alte Benecke ist freilich furchtsam gewesen und geschreckt worden, doch trage ichs ihm nicht nach und behalte ihn herzlich lieb. Senden Sie ihm nur (unter addresse der bibliothek) das bestellte Solothurner wochenblatt zu, ich zweifle nicht er wird die beigelegte rechnung alsogleich berichtigen.

Den Walthari sollen Sie bald nach ostern, nebst allen geliehenen papieren erhalten, wenn ichs Ihnen nur damit in etwas habe können recht machen. Auch Ruodlieb nimmt sich daneben, wie mir scheint, tüchtig aus. Lachmann läfst seine critische ausgabe des Gregor von Stein drucken. einen Reichenauer Hartmann = Westerspül räume ich Ihnen immer noch nicht gern ein; ich weifs nicht was Lachmann dazu meint, der mir lange schon antwort schuldig ist. Von Wilhelm empfangen sie zugleich das Rolandslied vom pf. Chuonrat, nebst den bildern. wir exules lassen also die hände nicht ruhen. also zwei neue Schwabenspiegel auf einmal, desto besser. bei einiger ruhe und mufse sollen meine weistbümer u. öfnungen noch dies jahr in druck.

Der himmel sei mit Ihnen und allen Ihrigen. Jacob Grimm.

erschienen ist Herbort von Frizlar, wacker besorgt von Frommann.

26.

Hier, mein theuerster freund, stellt sich nun endlich der Waltharius nebst seinen anhängen ein, möge Ihnen das buch nicht misfallen und Sie in der vorgesetzten Widmung öffentlich den dank ausgesprochen finden, den ich Ihnen für die bereite mittheilung Ihrer materialien schuldig bin, noch mehr aber die Ihnen längst bekannten gefühle herzlicher freundschaft und zuneigung. Die umstände, welche verhindert haben, dafs die arbeit nicht etwas besser ausgefallen ist, kennen Sie und noch in diesem augenblick hat die peinliche unsicherheit meiner lage nicht nachgelassen. Wahrscheinlich werden wir noch diesen sommer nach Leipzig ziehen, um wenigstens beisammen zu sein.

Ich lasse das paket noch nach Eppishausen abgehn, weil ich nicht weifs ob Sie schon in Ihren neuen sitz eingezogen sind. Die merianische collation, die hasesche vorrede, sammt den übrigen mir anvertrauten papieren folgen hierbei zurück, ich habe nur noch | Ihre abschrift des carlsruher codex, Orellis anmerkungen und die collation des Engelberger ms., ich möchte daraus noch einiges nachsehn, wozu ich jetzt keine ruhe gewinne, villeicht erlauben Sie auch, dafs ich diese stücke zum andenken an Sie und Ihre bemühung mit der sache behalte? Die übrigen gehören der Frankfurter gesellschaft und darum sind sie Ihnen alsbald wieder zugestellt worden.

Das exemplar an Wackernagel findet sich wohl bald gelegenheit nach Basel zu senden.

Nebst herzlichem grufs an Ihre frau
Ihr treuer freund

Cassel 14 mai 1838.

Jacob Grimm.

27.

Cassel 21 aug. 1838.

Mein theurer freund, ich fühle Ihren ganzen schmerz, die trauernachricht war schon, bevor Ihr brief anlangte, zu mir erschollen, und ich habe frau von Z., die vorige woche hier durch zu Ihnen reiste, gebeten Sie meiner herzlichsten theilnahme zu versichern. Trost kann ich keinen geben, er mufs Ihnen allmälich wachsen, und Gottes güte gestattet ja diesen wachsthum.

Ich denke die unterbrochne ausgabe des Schw. sp. übernehmen gern andret ich bin und lebe zu unstät und gestört, als dafs ich mich selbst dazu hergeben könnte. Aufser Phillips und Homeyer würden vielleicht auch prof. Wilda in Halle und prof. Reyscher in Tübingen taugen, letzterer für den verleger am allerbesten. Fufs könntes ihm selber antragen, den andern ein kurzer brief von Ihnen. Wackernagel hat gerade die nämliche oder eine ähnliche arbeit unter händen, sonst würde er am geeignetesten sein.

Ihr leid hält Sie nicht ab noch an andre hilfreich zu denken. mir schein. der vorschlag an Hassenpflug, wenn die sache sich einrichten läfst, sehr annehmbar. ich habe ihm auf der stelle geschrieben und erwarte seine antwort.

Also noch nicht eingezogen sind Sie im neuen schlosse, das Ihnen villeicht schon zu alt sein und mehr ausbesserungen kosten wird als der hauptpreis betragen. Desto schöner und wöhnlicher wird die einrichtung werden.

In so bewegter zeit haben Sie kaum einen näheren blick in den Waltharius werfen können. Ich ärgere mich hintenher über die druckfehler und einige andere übereilungen. v. 1352 haben einige exemplare artu für astu. 324 hätte Inde dem richtigen Tandem weichen sollen. Ecb. 835 l. constitit. Ich konnte weder die correcturen sorgfältig genug lesen, noch überhaupt alles ordentlich ausarbeiten, und doch hatte der druck angehoben. Noch diesen augenblick bin ich ohne bücher und hilfsmittel, und insofern ganz lahm gelegt. In 6 wochen ziehn Wilhelm und Dortchen mit allem hausrat hieher, weil sich in Sachsen die aussichten wieder verschoben haben. Dann solls besser und wieder frischer gehn.

Am 29ten.

Der brief blieb liegen, weil ich Hassenpfl. antwort abwarten wollte und die posten laufen von hier ins Paderbornische langsam. Jetzt höre ich, dafs er Ihnen unmittelbar geschrieben hat. Auch gut oder noch besser.

Die Einlage lassen Sie doch nach Basel laufen. Grüfsen Sie Ihre frau von mir und Sie möge den zwillingstöchtern in meinem namen einen kufs geben.

Von ganzem herzen Ihr

Jac. Grimm.

28.

Cassel 12 febr. 1840.

Liebster Lafsberg,

Wie lange habe ich nicht geschrieben und wie oft gewollt? schieben Sie die versäumnis nicht mir zur last, sondern meinem oft gestörten, verstimmten und doch geschäft- und mühevollen leben. Die letzte und nächste ursache der zögerung war Werner Haxthausen, der Ihnen schon seit einigen monaten seinen codex des Tristan zusenden wollte und immer nicht dazu gelangen konnte. heute endlich meldet er mir dafs das paket fortgehn soll, und ich habe nichts eiligeres zu thun, als einen beischlufs von mir zu besorgen. Wir sehn Wernern oft und reden mit ihm gern von Ihnen; er hat mir einige Ihrer letzten briefe mitgeteilt, woraus ich manches ersehen habe, wodurch Ihr herz | freudig und traurig bewegt worden sein mufs. Grüfsen Sie doch herzlich Ihre gute frau, unsre alte freundinn, und küssen die fröhlich aufwachsenden mädchen. Wir hören, daß Sie im sommer nach Westfalen gedenken. Aber im rückweg von Münster über Neustadt bis Würzburg berühren Sie nothwendig Cassel. Es wäre uns die gröfste Freude. Dann ists auch schöner hier als einmal im Winter bei Ihrer letzten anwesenheit.

Sie werden von meinen arbeiten wollen hören? Nun denn ich pflüge das seit 1822 brach gelegne feld der lautlehre von neuem um und reifse die neuen furchen und äcker anders ein. Dann wird das grofse wörterbuch langsam vorbereitet, kostet aber jetzt schon eine quälende correspondenz. Von den weisthümern ist der zweite band gedruckt (folgt hierbei) und der erste stark in der presse Ausserdem wird | bis ostern noch ein sendschreiben über Reinhart Fuchs fertig, das sich ungesäumt bei Ihnen einstellen soll. Wilhelm schliefst Werner vom Niederrhein als kleine gabe bei, verheifst aber auch bald gröfsere. Haupts Erec und nun auch guten Gerhart werden Sie haben und sich der sauberen arbeit daran erfreuen.

Lachmann läfst zum buchdr. jubilaeum eine prachtausg. der Nibelungen veranstalten und stellt dabei das gedicht seinen grundsätzen gemäfs her. Hageus minnelieder sollen wie ich höre endlich der bande ledig werden, woran Ihnen (da Sie längst ein exempl. besitzen) nichts gelegen sein wird. Wie stehts um den Schwabenspiegel aus | Ihres sohnes hinterlassenschaft? ich höre eine abtheilung davon sei fertig. Auch über Wackernagels ausgabe scheint ein hemmendes gestirn zu stehn. Warum haben Sie das exemplar des Solothurner wochenbl. nicht längst an die Gött. bibliothek übermacht? wie ich mehrmals gebeten hatte. ich kann nun die öfnungen nicht in meine saml. aufnehmen, die darin stecken sollen.

Und nun verehrter freund unsere treuen grüfse. ich plage Sie noch mit besorgung zweier briefe nach Trogen und Constanz sowie eines pakets an Bluntschli in Zürich.

Mit unveränderlicher liebe Ihr

Jacob Grimm.

29.

Frankf. 20 juli 1848.

Mein liebster alter freund,

erst heute gelange ich dazu einige zeilen auf Ihren brief vom 4 d. zu antworten, dessen Inhalt mich erfreute und betrübte, und noch ist ein anderer brief in meinen gedanken, den ich letzten winter empfieng und jetzt nicht zur hand habe. aus beiden geht Ihre treue anhänglichkeit an uns hervor, die wir alle eben so herzlich erwiedern. die stille natur und die stellung der einzelnen menschen zu einander bleibt doch mitten in der unbeschreiblichen öffentlichen verwirrung, die wir erleben, unverändert. ich bin nun schon über zwei monate hier, aus meiner heimlichen stube und von den meinigen weggerissen hier, täglich unter vielen menschen und dennoch einsam; unaufhörliche reden und worte hörend und lesend und weniger vor mich bringend in einer woche als zu hause an einem tag. ein ende gar nicht abzusehn. Unter vielen verlusten, deren gröfse und werth wir noch nicht einmal klar überschauen hält mich doch aufrecht ein grofser gewinn, dafs wir Deutschen doch einmal auf dem wege sind zur wahren einheit zu gelangen, die uns unberechenbare stärke bringen und reichen ersatz gewähren mufs, wenn sie uns Gott ganz verleiht und erhält. Johanns einfaches auftreten hätte Ihr wahrscheinlich noch östreichisches herz viel stärker gerührt als mein preufsisches. viel liegt noch unentfaltet in knospen.

Nettes früher unerwarteter tod thut mir weh, wer weifs was uns in jahresfrist bevorsteht, da Wilhelm und Dortchen oft kränkeln und die tückische Cholera von neuem naht. Der himmel schütze sie und vereinige mich bald wieder mit ihnen. Meine geschichte der deutschen sprache in 2 bänden ist längst fertig, ich habe sie selbst noch nicht aus Leipzig empfangen. Ich mus wieder geschäfte angreifen und hier abbrechen, seien Sie und Ihre frau herzlichst gegrüfst und lassen sich von der schlechten luft in Constanz nicht anstecken. Jacob Grimm.

III. Briefe von Wilhelm Grimm.
(1836 – 1849.)

1.*)

Göttingen, 27 Dec. 1836.

Hierbei erhalten Sie, verehrtester Freund, ein kleines Buch über den Rosengarten, welches ich gearbeitet habe als ich nichts beßeres thun konnte, und ich selbst nicht auf Rosen lag. Es würde einen größern Werth haben wenn Sie meine heimliche Hoffnung erfüllt und einen älteren Text aufgefunden hätten. Gönnen Sie ihm so wie es ist einen Platz in Ihrer Bibliothek.

Ich wünsche sehr daß diese Zeilen Sie in völlig hergestellter Gesundheit finden und die Folgen Ihres Unfalls (im eigentlichen Sinne)**) verschwunden sind. Von Zeit zu Zeit haben wir von Ihnen Nachricht durch Frau v. Arnßwaldt gehabt, und oft sind unsere Gedanken bei Ihnen gewesen.

Meinen großen Dank für die sorgfältig aus den Hss. mitgetheilten Stellen aus Gott Amur habe ich Ihnen noch nicht ausgedrückt. Sie erfüllen jeden literarischen Wunsch mit solcher Genauigkeit und Sorgfalt, daß der Werth der Mittheilung dadurch verdoppelt wird.

Meine Gesundheit gefällt mir so wenig als der Aufguß über ungebrannten Moccakaffe, den ich nach Anordnung meines Arztes täglich trinken muß. Gottlob

---
*) Mit deutscher Schrift.
**) L. that im Frühjahre 1836 bei einer Ausfahrt einen bösen Sturz aus dem Wagen, wobei er einen Schenkelbruch erlitt. Die Folgen davon blieben ihm auf Lebenszeit, es trat eine Lähmung ein und L. konnte sich lange nur mit Hilfe zweier dünnen Stäbe fortbewegen. S. Hist.-polit. Blätter 1864, S. 512. W.

Frau und Kinder sind ietzt nachdem jene im Frühjahr eine schwere Krankheit, diese im Sommer das heimtückische Scharlachfieber überstanden haben, ziemlich gesund.

Die freundschaftlichsten Begrüßungen von mir und den Meinigen an Sie und Frau von Laßberg. Behalten Sie uns fortwährend in gutem Andenken.

Ganz der Ihrige
Wilh Grimm.

2.

Sie haben mir, lieber freund, durch Ihren brief eine große freude gemacht. an dem andern ende von Deutschland denken Sie an mich und bieten mir zur wiederherstellung meiner gesundheit auf die herzlichste weise einen aufenthalt bei sich an: den blick auf den belebten see, eine warme südliche luft, eine glückliche stille und ruhe. wer sollte da nicht hoffen wieder gesund zu werden? ich habe gleich den plan gemacht wie und wann das auszuführen sei, aber nur zu bald fiel mir ein daß man in dieser zeit keine pläne machen darf. wer kann wissen was morgen oder übermorgen geschieht oder welchen anblick die welt in vier wochen gewährt. geht doch hier, wo die spitzen der verschiedenen richtungen zusammenlaufen und feindlich einander gegenüber stehen, kaum ein tag hin ohne daß man sich aufgeregt fühlt, furcht und hoffnung wie wolken hin und her ziehen. das widerwärtigste sieht und hört man, aber auch das htüctigste und ehrenwertheste, wie Sie es vielleicht Berlin nicht zutrauen. meine gesundheit hat sich in den letzten wochen etwas gebessert und ich habe für den sommer vorlesungen angekündigt, wovon ich mich nicht leicht abhalten lasse. habe ich doch, ohne mich irren zu lassen, am 13' Nov. nachmittags gelesen, während man einen aufstand erwartete und vor den fenstern der universität die wühler und der pöbel schrien und tobten und ein bataillon aufmarschierte*). meine studenten blieben ruhig und um schluß kam einer | und bat sich die erlaubnis aus mich nach haus zu begleiten. so bin ich mit ihm die langen linden herab mitten durch das gedränge zwischen rohen und wilden gesichtern gegangen bis zu meiner wohnung, die außerhalb des Brandenburger thors in der nähe des thiergartens in einem neuen theil der stadt liegt, wo ruhe und stille herschte. so stehen alle gegensätze dieser furchtbaren zeit nahe neben einander. in der mitte Augusts werden die vorlesungen geschlossen; eher kann ich an eine reise nicht denken. haben sich die öffentlichen zustände so weit gebessert, und die hoffnung darf man niemals aufgeben, so will ich die sache näher erwägen und wenn es irgend thunlich ist ausführen. wie jetzt die dinge stehen, würde ich ohne in peinlichster angst zu leben, meine familie nicht auf wenige tage verlassen können. daher konnten wir einen aufenthalt in Appenburg auch nur in aussicht stellen. es versteht sich von selbst daß ich Ihnen vorher nachricht gebe.

Jacobs geschichte der sprache ist ein werk, in dem sich seine eigenthümlichkeit am kühnsten ausspricht, und ich glaube daß er an keinem so große freude hat. ich glaube auch der, welcher nicht in alle einzelheiten eingehen will, wird doch sich angezogen fühlen und gewinn davon haben. seine gesundheit hat sich gottlob leidlich wieder hergestellt. er hat mir aufgetragen Ihnen noch besonders für Ihren lieben brief zu danken. mein jüngster sohn Rudolf studiert eben in Bonn,

---

*) 13. Nov. 1848 wurde die Nationalversammlung im Schützenhause aufgelöst.
W.

er ist frisch und lebendig und ich habe freude an ihm: kommt er einmal in Ihre gegend, so wird er sich bei Ihnen melden. | Gott hat Ihnen ein glückliches geistesfrisches alter verliehen, möge er Ihnen das erhalten bis zu dem höchsten ziel, das uns menschen gesteckt ist: das ist mein wunsch zu dem 10. April.

Noch die herzlichsten grüße an Sie und Ihr ganzes haus, von Dortchen, Jacob und

Berlin 15. Febr. 1849.   Ihrem treuen freund
                                            Wilhelm Grimm.

Frau v. Laßberg danke ich noch besonders für die freundlichen zeilen, die mir ihr neffe brachte: in ruhigen zeiten, wo man sich freut einen brief zu schreiben, würde ich schon längst ihr selbst gedankt haben.

IV. Briefe von Carl Lachmann.
(1824—1838.)

1.

Ew. Hochwohlgeborn

halten es wohl der Menge von Arbeiten, die ich hier in S. Gallen in kurzer Zeit beendigen muß, zugute, daß ich drei Wochen lang auf Ihr liebes Briefchen nicht geantwortet und für das liebe Geschenk, das ihn begleitete, noch nicht einmahl gedankt habe. Ich hatte immer gehofft von Ihrer gütigen Einladung Gebrauch machen und meinen Dank mündlich abstatten zu können. Jetzt sehe ich noch so wenig ein Ende vor mir, daß ich daran nicht denken kann. Selbst Ihr theures Geschenk habe ich noch kaum anzusehn Zeit gefunden, zumahl da ich Ursach habe bei Licht meine Augen zu schonen. Doch habe ich einige Gedichte herausgenascht, und die Vorreden durchgekostet. Es ist überall draus zu lernen, zu Haus, wenn man müssig ist und nachschlagen kann. Bei Joh. v. Constanz ist mir der vielleicht nicht ganz grundlose Zweifel gekommen, ob der Name Heinzelin soviel als Johann sein könne: ich meine, Heinrich. Ich denke mir alles noch besser anzusehn und zu genießen, und Ew. Hochwohlgeboren müssen mir schon erlauben Ihnen von hieraus vor meiner Abreise noch einmahl zu schreiben.

Mit der größten Hochachtung habe ich die Ehre zu verharren

                            Ew Hochwohlgeborn

S. Gallen 25 Sept. 1824.   gehorsamster Diener
                                                         C. Lachmann.

Auch für Hagens Nib. danke ich herzlich. Sie sind, soviel ich gesehn habe, noch über Erwartung schlecht.

2.

Berlin 8. Sept. 1825.

Hochwohlgeborner Freiherr,
Hochverehrter Herr und Freund,

Ich habe nicht früher etwas von mir wollen hören lassen, bis ich etwas vom Erfolg meiner Reise melden könnte. So habe ich versäumt Ihnen zu schreiben, daß ich seit Ostern an hiesiger Universität angestellt bin, und so ist mir Ihr Gruß durch

Benecke zuvorgekommen. Jetzt kann ich dann wenigstens sagen, es ist ein Anfang gemacht. Von meiner Ausgabe der Nibelungen und der Klage sind 7 Bogen in kl. Quart gedruckt (Bei der großen Entfernung wird es besser sein, wenn ich das Ganze zusammen schicke). Ich folge fast ganz der ältesten Überlieferung, d. h. nicht dem ältesten Codex, sondern dem von Hohenems in München. Dazu filge ich die ältesten Varianten, d. h. die Abweichungen an den zahllosen Stellen, die allo Hss. anders haben als die Hohenemser, — unter dem Text. Die Lesarten Ihres Codex führe ich nur ausnahmsweise mit an, weil man diese besondre Bearbeitung weit besser aus Ihrer Ausgabe kennen lernt, als wenn sie stückweise in Noten steht. Ich kann für meine Ausgabe nichts mehr wünschen als daß Ihre recht bald ins Publicum | komme. Ich habe darauf gerechnet, und (mit Weglassung der Hagenschen Zahlen, die auf bloßem Zufall beruhen) zu Anfang jeder Seite die Verszahl Ihrer Ausgabe angegeben um die Vergleichung zu erleichtern. Ich bediene mich des Exemplars des Prof. Zeune, das er mir mit der größten Willfährigkeit geliehen hat, wie man denn gestehen muß daß er die Gefälligkeit aber auch die περιεργία selbst ist. Ew. Hochwohlgeboren könnten noch etwas für meine Ausgabe thun: aber ich bitte nicht darum, weil es Ihnen Mühe macht und ich nicht weiß ob Sie Zeit dazu haben. Eine Abschrift nämlich des Bruchstücks von der Klage, das Sie ich weiß nicht mehr woher haben, würde mir sehr angenehm sein. Sie hätten mir voriges Jahr die Abschrift gewiß erlaubt, aber ich dankte Gott, daß ich in diesen schönen Paar Tagen zu Eppishausen einmahl von aller Arbeit los war, daß ich nichts damit zu thun haben mochte.

Ihren Freund Ittner haben Sie indeß auch verloren. Die Nachricht hat mich betrübt, weil ich dachte Sie müßen dabei viel verloren haben. — Ist der alte Hr. von Arx wohl und frisch? Gelegentlich bitte ich mich ihm zu empfehlen. Ich kann ihm würklich nicht genug für alle Gefälligkeit danken. — Hofrath Hirt sehe ich oft und immer mit wahrer Lust: er bleibt sich immer gleich, oder er wird gar jünger und frischer. Er erinnert sich Ihrer oft und grüßt herzlich.

Leben Sie wohl und grüßen Sie die villa Ebbonis herzlich von jemand, der sich ihrer mit Sehnsucht erinnert und sich mit der wärmsten Hochachtung nennt

Ew. Hochwohlgeboren

gehorsamsten Diener
C. Lachmann.

3.

Berlin 7 April 1826.

Ew. Hochwohlgeboren
habens entweder so genau berechnet oder der Zufall hat es gefügt oder ist der Rechnung zu Hülfe gekommen, kurz Ihr Geschenk ist gerade am heil. Abend vor Weihnachten bei mir angelangt, und wie sehr michs erfreut hat darf ich nicht erst sagen. Noch werther ist es mir, wenn ich mich in der Vermuthung nicht teusche, daß es ein eignes Handexemplar ist. Mit einem so schönen Ex. meiner Nibelungen kann ich nun freilich Ihr liebes Geschenk nicht erwidern, weil es so schöne nicht giebt: doch hoffe ich Sie sollen wenigstens das Äußere nicht unanständig nennen und mit dem Innern im Ganzen zufrieden sein. Im Einzelnen finde ich selbst nur zuviel Tadelhaftes: die ganze Art und Weise der Kritik, meine ich, wird nicht anzufechten sein. Daß ich daneben die andre Art gute Hdss. zu behandeln, nämlich so daß man sie wie Individua ansieht, auch zu schätzen weiß, — das denke ich

habe ich auch gezeigt. Ich habe Ihre Ausgabe, wie Sie finden werden, als eine nothwendige Ergänzung der | meinigen betrachtet, und ich habe lieber durch die That als durch breite Reden mein ceterum censeo über die Verbreitung Ihrer Ausgabe öffentlich aussprechen wollen. In meinem Sinn wäre freilich noch nöthig mit Ihrer Hds. (bei mir C) noch EFGa und im Anfang der Nib. und der Klage Db zu vergleichen (S. VI), und wenigstens wäre die Ergäuzung der Lücke aus a wünschenswerth: dann wäre aber auch Ihre Ausgabe der Umarbeitung weit besser als meine des ältesten und gemeinen Textes. Wenn Sie an die Druckfehler kommen, vergessen Sie doch nicht zu bemerken, ob Ihre Hds. 7846 würklich *halpfwl* hat, oder *halp fẅl* wie Grimm (Altd. Wäld. 2, 168) angiebt, oder ob es (was ich mehr wünsche als erwarte) gar kein *f* ist sondern wie in den andern Hdss. ein *ſ*.

Ich habe auch einen Dichter für Sie, den ich Ihnen gern möchte ins Thurgäu schicken, und wahrlich keinen schlechten. Es ist her Uolrich von Zatzikoven mit seinem Lanzelet — nach der Ordnung, in der ihn Rudolf von Ems erwähnt (Docen Misc. 2, 152), etwa im zweiten Jahrzehend des 13. Jh. Ich weiß wohl, | daß man ihn nach Baiern setzt. Aber seine Sprachformen (im Reim) sind durchaus Antibairisch: er gehört nothwendig westlicher hin, an den Rhein, nach Schwaben oder meinetwegen ins Thurgäu, wenn sichs sonst irgend wahrscheinlich machen läßt. Ich habe noch nichts weiter nachgeschlagen, als was mir eben zur Hand ist, den Index zu Neugart, und da kommt Zezinchova allerdings vor, jetzo Zeziken. Ich will also den Herrn Ulrich hiemit Ihrer weiteren Nachforschung empfohlen haben, meine Nibelungen aber Ihrer Nachsicht und mich selbst Ihrem geneigten Andenken.
Mit wahrhafter Hochachtung

Ew. Hochwohlgeborn

ergebenster Diener
C. Lachmann.

Ich hoffe Sie werden es nicht zu unbescheiden finden, wenn ich Sie bitte mit Gelegenheit (woran es ja nicht fehlen kann) das Ex. der Nibelungen auf gewöhnlichem Papier und eins der Specim. an Hrn. von Arx zu besorgen.

4.*)

Berlin d. 4 Juni 1826.

Hochwohlgeborner,
Hochverehrter Herr und Freund,

Wegen der Verwechslung der nach Constanz und München gesandten Pakete bitte ich recht sehr um Verzeihung. Ich habe den Trost dabei, daß in beiden Briefen unmöglich kann etwas gestanden haben, was wohlmeinende und befreundete Leser nicht sollten richtig verstanden haben. Vielleicht verhilft Ihnen auch die neue Bekanntschaft mit H. Docen zu einem bessern Facsimile der älteren Münchner Hds.: Denn dasjenige, welches ich bei Ihnen gesehen habe, ist in der That zu schlecht, ob es gleich wahr ist, daß grade auf den letzten Blättern des ersten Schreibers (s. meine Vorrede), von denen die ausgehobene Stelle ist, die Hand so nachlässig und schlecht ist als nirgend sonst, und daß der zweite Schreiber überhaupt eine weit schönere Hand schrieb als der erste. Die Münch. Hds. (D) ist aber um vieles schöner, obgleich sie sich zum 14. Jh. hinneigt.

---

*) Dieser und der nächstfolgende Brief sind mit lateinischen Buchstaben geschrieben.

Durch die Verwechselung ist es gekommen, daß die beifolgende kleine Schrift, die ich nun allein schicke, nicht an Sie gelangt ist. Das eine Ex. bitte ich Sie wieder an Hn. v. Arx zu senden, dem dies kleine Buch nicht uninteressant sein wird, weil es meist S. Gallensia enthält. In dem Briefe, | mit dem ich die Nibelungen begleitet, habe ich, wie mich dünkt, vergessen die Specimina zu erwähnen. Der Littower war damahls, glaube ich, auch schon in Berlin, ich habe ihn aber von Hrn. v. Meusebach erst später erhalten, so daß Sie sich über die Verzögerung meines herzlichen Dankes für diese liebe Strena nicht wundern dürfen. Ob Haug von Langenstein der Verfasser des Gedichtes sei, läßt sich vielleicht nicht so ganz sicher sagen. Was ich dagegen anführen möchte, ist, daß ich die letzte Zeile nicht verstehe, wenn *Schon doch* nicht ein verstellter oder verderbter Eigenname und zwar der Name des Verfassers ist. Es ist freilich nur ein Zweifel, den ich nicht ins Reine zu bringen weiß.

Die Auszüge, die Hr. Dr. Maßmann aus Ihren Hdss. verlangt, scheinen eine besondre Veranlassung zu haben. Hr. vdHagen arbeitet an Zusätzen zu seinem Grundrisse, die besonders gedruckt erscheinen sollen. Dafür schickt, wie ich höre, Hr. Maßmann Beiträge in schweren Paketen. Vielleicht hat sich Hr. vdHagen, der krumme Wege liebt, nicht direct an Sie wenden wollen.

Wie sehr beneide ich Sie um Ihre Arbeit für diesen Sommer am Weingartner Codex! Wenn ich ihn zwei Tage in Händen haben könnte, ich wüßte wohl, was ich | thäte. Ich ließe mich bloß auf die Lieder unter dem Namen Walthers von der Vogelweide ein, und auf die welche ihm andre Handschriften zuschreiben — und dann sähe ich für meine längst vorbereitete Ausgabe Walthers ein Ende ab. An Hn. vdHagens Abdruck (in der Orthographie von ihm, Gott weiß wozu, verändert) der Maness. Sammlung — denn mehr wird es zunächst nicht — soll gedruckt werden. Ein Schüler von ihm (aber freilich die lügen eben so sehr als er) hat mich versichert, er habe drei Bogen fertig gesehn, mit ganz neu erfundenen Deutschen Lettern.

Leben Sie wohl, mein hochverehrter Herr und Freund, viel Lust und Freude auf den Sommer, zunächst am Weingartner Codex.

Ihr
ergebenster D.
C. Lachmann.

5.

Mein verehrter Herr und Freund,

Empfangen Sie den Walther v. d. Vogelweide, der hiebei erfolgt, freundlich und nicht allzu strenge. Meine Arbeit ist ein Versuch das Überlieferte dem ursprünglichen Gesange so nah zu bringen als es ohne Verwegenheit oder Affectation möglich ist. Ich habe mich öfter darüber erklärt daß ich Abdrücke von Handschriften, wie sie sind, sehr wohl zu schätzen weiß: dagegen hoffe ich die Überzeugung immer mehr zu verbreiten, daß die bedeutenden Dichter, wenn ihre Werke ihrem poetischen und künstlerischen Werthe nach sollen erkannt werden, einer kritischen Bearbeitung, die darum nicht frech oder willkürlich zu sein braucht, bedürfen. Darin und in der historischen Erläuterung habe ich zu leisten gesucht was ich vermochte. Es genügt mir freilich nicht, und Ew. Hochwohlgeboren wissen daß ich dankbar jede Berichtigung und jeden Zusatz annehmen werde. Vielleicht ist in Ihrer Ausgabe der Hds., die ich B getauft habe um bequem jede mit einem einzigen Buchstaben bezeichnen zu können und zugleich die wichtigsten und würdigsten als die ersten hervorzuheben — zu solchen Berichtigungen Raum und Gelegenheit. Wie begierig ich überhaupt auf das viele Belehrende bin, das sie nothwendig bringen muß, habe ich mir schon erlaubt in einer Anmerkung zu sagen.

Ew. Hochwohlgeboren fragen mich durch Hn. von Meusebach (nicht Freiherrn — die Freiherrn sind ausgestorben), was mir vom Liedersaal fehle. Ich danke herzlich für diese Aufmerksamkeit, der ich durch eine Bitte zuvorgekommen wäre, wenn ich nicht gefürchtet hätte etwa wieder wie bei den Nibel. eben | zu einer Zeit zu bitten wo Sie keine Exemplare zu Hause hätten und Sich vielleicht wieder gar eines Handexemplars beraubten, wie damahls. Freilich erhöht dies, wie das schönere Papier, den Werth des Geschenkes noch. Also ich habe den dritten Band, doch ohne Liedersaal-Titel, als Weihnachtgeschenk von 1825, den ersten und zweiten Band mit Kupfern und Vorreden, zum Andenken an die schönen Tage auf Eppishausen 1824, von den Schriftproben habe ich nur die vom Wiener-Codex die übrigen nicht.

An dem beifolgenden Herrn Wackernagel finde ich nur seine Lust kleine Schriften ans Licht zu fördern tadelhaft: seine Kenntnisse sind recht gut, mehr Festigkeit des Urtheils wird sich schon finden und etwas Eitelkeit sich von einem im Ganzen tüchtigen Charakter noch abschleifen. Sie ist freilich bei der von ihm versuchten Mystification nicht ganz zu leugnen, obgleich ich die Sache auch nicht so frech finde als sie manchen scheint*). Ich gestehe daß ich beim ersten flüchtigen Lesen auch getäuscht bin. Ich fand zwar manches, das ich für neu und ungewöhnlich hielt, nichts was bei einem Dichter, der etwas früh im 13. Jahrh. lebte und nicht ganz mit der Ausbildung der Kunst Schritt gehalten hätte, unmöglich schien. Am folgenden Tage als der Hr. W. den Betrug gestand, fand ich nun zwar, indem ich das Gedicht mit ihm durchging, allerdings noch einiges was wohl überhaupt schwerlich Deutsch ist: das was ich den Tag vorher mehr neu als verwerflich fand, hatte der Verf. meistens absichtlich und mit dem Bewustsein, etwas ungewöhnliches zu wagen, gesetzt — z. B. das bi mit dem Accusativ, welches, im Althochdeutschen noch häufig, auch in späteren hochdeutschen Handschriften, die zum Theil aus niederdeutschen Quellen flossen, wie in den Hohenemser Nibel. (A), nicht unerhört ist —, anderes war | ihm aus Unkunde oder unrichtiger Auffassung des Sprachgebrauchs entwischt. Die poetische Kraft, die sich in dem Fragmente zeigt ist in der That nicht groß, aber die Aneignung der alten Sprache scheint mir lobenswerth, und als ein Übungsstück fände es, wenn nicht der Betrug dabei gewesen wäre, gewiß ein jeder gut.

---

*) Es bezieht sich dies auf einen uns heute sehr unschuldig erscheinenden Scherz, mit dem W. Wackernagel zuerst in die Öffentlichkeit trat. Er versandte als Neujahrsblatt 1827 mit einer Widmung an Hoffmann von Fallersleben 'Zwei Bruchstücke eines unbekannten mittelhochdeutschen Gedichts', 1 Bogen in 4°. mit einem Facsimile der Handschrift und einer Zeichnung des Malers Bräuer. Das mhd. Gedicht, dem diese Bruchstücke angehören sollten, war allerdings gänzlich unbekannt und mußte es auch bleiben: es war eine reine Erfindung von Wackernagel. Laßberg scheint die in einer Anwandlung jugendlicher Necklust versuchte Täuschung minder harmlos aufgenommen zu haben. Er sprach sich wenigstens einigermaßen unwillig darüber aus in Briefen an Uhland, Maßmann und wahrscheinlich auch Lachmann gegenüber. Vgl. die ausführliche Darstellung des ganzen Sachverhalts durch H. F. Maßmann in den Heidelberger Jahrbüchern 20. Jahrg., 2. Hälfte 1827, S. 1072 ff. und Briefwechsel zwischen Joseph Freiherrn von Laßberg und Ludwig Uhland S. 91. W.

Der erste Theil von Hn. vdHagens sogenannter Manessischer Sammlung soll fertig sein, doch soll der Verleger sich noch nicht entschieden haben ob er ihn allein ausgeben will. Nach dem Probeblatt und nach den wenigen Hülfsmitteln, die er gehabt hat, erwarte ich nicht gar viel, besonders da hier auf Überlegung und strenge Aufmerksamkeit das meiste ankommt, der sein ganzes Wesen gerade entgegengesetzt ist: bei ihm beruht alles auf Einfall, und man muß gestehen, da, nach Lessing, der meisten Menschen erste Einfälle nichts taugen, so sind seine Werke für erste Einfälle über Erwarten gut. Neulich hat er nun gar den Einfall gehabt, den ich ihm, eben weil er nie überlegt, auch nicht zurechne, sich von München durch das Ministerium den Ulrich von Lichtenstein zu bestellen: aber da hat sich doch Docen einmahl pro aris et focis widersetzt und das Gesuch ist abgelehnt. Wenn das nur für Docen ein Sporn ist mit seiner Ausgabe ein Ende zu machen, statt daß er, wie wir hören, in der Eos kleine Aufsätze über den Waltramm*) in der Überzeugung macht es sei das Werk eines jungen Dichters des 13. Jahrh., was drauf Hr. —, der die Wahrheit wuste im folgenden Stück widerlegt, statt Docen zur rechten Zeit zu warnen. — —

Ich schreibe bei einer Hitze von wenigstens 25 Grad und unter dem Rollen eines nahenden Gewitters, mit eben (so früh dies Jahr) verblühten Trauben vor dem Fenster, und denke mir | wie schön es jetzt im Thurgau sein muß. Viel Glück und Freudigkeit zu allen edlen Unternehmungen! und erinnern Sie Sich zuweilen mit Zuneigung Ihres
Berlin 20 Juni 1827. Sie verehrenden
  C. Lachmann.

6.

Berlin 26. Jan. 1828.
Ew. Hochwohlgeboren erlauben mir Ihnen aus keinem anderen Grunde zu schreiben, als weil wir seit langer langer Zeit nichts von Ihnen hören und mich und nach besorgt werden, zumahl da auch Uhland vor Monaten schon ganz ängstlich schrieb. Antworten Sie nur mit einem Worte, daß Sie gesund und in heiterer Thätigkeit sind, so sind wir zufrieden. Ich sage wir und meine außer mir Herrn v. Meusebach — (oder, wenn Sie wollen, auch 'Freiherr': denn, abgerechnet daß ich auf dergleichen mich weniger verstehe als ich wohl manchmahl wünschte, soll es mit dem Aussterben der Freiherrn so gewiß nicht sein) — und da Hr. Wackernagel vor Wochen hörte daß ich schreiben wollte, wünschte er einen Brief einzulegen, der nun so dick geworden ist, daß ich das Papier sparen muß. Mich wundert nur, daß er bei seiner sonstigen Fingerfixigkeit nicht schnell etwas zum neuen Jahre hat drucken lassen. Ich kann freilich meinen Neujahrswunsch nur schreiben, er kommt aber doch vom Herzen. Zum Walther, der hoffentlich richtig angekommen ist, habe ich nur bei einer Gelegenheit gesagt, wie begierig ich bin auf Ihre Ausgabe des Weingart. Codex: ich bin es aber auf alles, Text, Einleitungen, Bilder und was Sie sonst Schönes geben. Freilich habe ich auch noch ein mehr egoistisches Interesse. Ich kann, wenn Ihre Ausgabe da ist, besser und ohne Uhland zu belästigen, in meiner Art, wie beim Walther fortfahren: denn ich hätte große Lust auf ihn die Liederdichter des 12. Jh. folgen zu lassen, d. h. was unter Kürenberg, Dietm. v. Ast, Veldeke, Friedr. v. Husen, Kais. Heinrich, Heinr. v. Rugge, Reimar

---
*) So hieß der Held der Wackernagelschen Fragmente. W.

d. alt., Bligger v. Steinach und Hartm. v. Aue steht, einiges auch unter anderen Dichtern und sonst zerstreut. Ist es auch alles Arbeit für das zwanzigste Jahrhundert, wie Benecke durch einen ominösen Druckfehler in seinem Wigalois sagt, so werden es uns doch unsre Enkel Dank wissen, wenn wir ihnen etwas nachgelassen haben woran sich anknüpfen läßt. Mone scheint freilich der Mangel an Theilnahme zur Statistik gebracht zu haben und Hrn. vdHagen zu.Tausend und einer Nacht, woran er jetzt bereits mehr als 1001 Nacht sammt den Tagen übersetzen soll. Doch ich will lieber nicht spotten, wenn jemand sich mit allerlei nicht Vereinbarem abgiebt: habe ich doch selbst neulich mich über Tibull und Catull hergemacht, und die Arbeit wartet nur auf den Druck. Unterdeß haben Sie gewiß wieder manche schöne Burg besehn und manchem Dichter seine Heimat angewiesen oder ihn aus einem verborgenen Ort hervorgesucht. Wenn wir, denen das wichtig ist, es nur bald erfühlren! denn mit den Leuten des 20ten Jahrhunderts unsere Freude daran zu haben dürfen wir doch nicht erwarten. Daß Sie den Ulrich von Zetzighofen nicht unterzubringen wissen thut mir leid: ich möchte meine Meinung über ihn (s. zu Iwein S. 373) nicht gern aufgeben. Bei Hartmann von Aue (ich kann im Liedersaal nicht gleich finden was Sie von ihm sagen) wäre wohl die Frage aufzuwerfen, wer sein Herr gewesen sei, dessen Tod ihn auf den Kreuzzug trieb, und ob sein armer Heinrich (Herr Heinrich von Aue, in Schwaben — mehr lehrt das Gedicht nicht) auch nur Dienstmann zu Aue gewesen sei. Ihre Ausgabe des Weing. Cod. wird das gewiß beantworten und gewiß noch viel Schönes, das wir nicht einmahl vorhersehen können. Für heute leben Sie wohl und lassen Sie mich bald hören daß Sie heiter und wohl zu Eppishausen oder zu Constanz sind. Ihrem gütigen Andenken empfiehlt sich   Ew. Hochwohlgeboren

gehorsamster D.
C. Lachmann.

7.

Berlin 16 Aug. 1831

Mein hochverehrter Herr und Gönner,

Freilich mit Recht haben Sie über mein Schweigen geklagt, aber die Entschuldigung liegt bei. Den Aufsatz über die Nibelungen glaubte ich von Monat zu Monat gedruckt zu empfangen. Erst nach dem Tode des unvergeßlichen Niebuhrs erfuhr ich daß er halb verbrannt und die Ergänzung zu fordern verabsäumt worden war. Mag er nun nebst dem andern freundlich wieder an mich erinnern, und sind Sie noch etwas böse, so ist ein gutmüthiger Zorn ausgesprochen leichter zu ertragen als verschwiegen.

Ich weiß nicht wie weit in dem schönen stillen Eppishausen Sie die Stürme der Welt erreichen, wir kommen hier kaum zur Besinnung, und jetzt haben wir gar die Angst vor der Cholera die nach den heutigen Nachrichten sogar schon die Oder soll überschritten haben. Wenn man sich auch gebührend faßt — und allerdings fühle ich gar keine besondre Furcht — zu ruhiger und behaglicher Arbeit kommt man wenig. Hr. vMensebach und ich sind auf den September nach Göttingen eingeladen: aber wer weiß ob auch | daraus etwas werden kann?

Hätte ich mich am Ende für den Sigenot noch nicht bedankt? Es könnte wahrhaftig sein, und wäre schändlich. Denn die Wichtigkeit dieser Publication hat mir wohl eingeleuchtet. WGrimm konnte freilich aus den abscheulich interpolierten neueren Texten nicht darauf kommen daß das Gedicht aus dem 13. Jahrh-

sein könnte, und so gut in Form und Inhalt. Ew Hochwohlgeboren thäten ein gutes Werk, wenn Sie Ecken Ausfahrt gedruckt folgen ließen. Die Unvollständigkeit der Hds. sollte Sie nicht davon abhalten: denn dieser Fehler ist doch schwerlich je herzustellen, sondern nur zu beklagen. — —
Ihr alter Freund Hirt der sich doch sonst so gut zu erhalten wuste, ist in der letzten Zeit würklich recht alt geworden Ich hoffe, Sie werden es ihm nicht nachmachen, sondern sich hübsch in der alten Frische erhalten: denn Sie müssen einem die Rechnung mit einem zweiten Besuche in Eppishausen nicht zu Schanden machen. Leben Sie wohl und gedenken Sie mit Wohlwollen Ihres
ergebensten
C Lachmann.

8.

Berlin d. 4 Aprill 1838.
Mein hochverehrter Gönner,

Es hilft wohl zu nichts, wenn ich lange versäumten brieflichen Verkehr noch mit allen möglichen Störungen und Beschäftigung entschuldigen wollte. Gehört habe ich indeß von Ihnen doch mancherlei und mich namentlich über das neu angefangene Kinderwiegen herzlich gefreut.

Die Anmerkungen zu den Nibel. erfolgen hiebei und bitten um günstige Aufnahme, wie spät sie auch kommen. Ich hatte immer gehofft Wackernagel sollte erst die schlimme Anmerkung auf dem Titel wegschaffen, damit Sie ein hübsches reines Exemplar erhielten: aber er zaudert ja noch immer, und so müssen Sie denn so vorlieb nehmen.

Den Gregorius hätte ich wohl mehr zu bevorworten: (in einer gedruckten Vorrede hab ich es nicht gewollt) wegen Ihres Schützlings Greith,' Im Juli 1836 ward von Rom eine Notiz für die Staatszeitung geschickt, mit dem Zusatz, Hr. Greith wisse nicht wie das Gedicht heiße und ob es bekannt sei; daß ich dem Redactor das Nöthigste angeben muste, damit die Notiz nur | vollständig erscheinen konnte, 19. August 1836. Die Arbeit ist aber doch noch schlechter geworden als danach zu erwarten war und Sie müssen es mir verzeihen daß ich im Grimm dieses zierlichste aller Gedichte des $^{12}/_{13}$ Jh. möglichst herzustellen versucht habe. Ich begreife J. Grimms große Dankbarkeit nicht (ich erfuhr sie erst als ich schon 5 Bogen hatte drucken lassen) und finde an dem ganzen Buche nichts gut als den Abschnitt den er Ihnen verdankt. Zwar muß ich gestehn, so scharfsinnig und hübsch Ihre Vermuthung ist, sie überzeugt mich nicht. Hartmann nennt sich im Gregor *von Ouwe*, einen *Ouwære* im Erec und im Iwein: *dienstman ze Ouwe* nur im armen Heinrich, doch wohl nur weil dieser selbst ein Herr von Aue war, und zwar von Aue *geborn*. Wenn Hartmann Dienstmann der Abtei Aue und nicht der Herren von Aue gewesen wäre, sollte er das nicht gesagt haben? Aber dies alles salvo meliori.

Zur Empfehlung der drei Fragmente kann ich gar nichts sagen, sondern nur wünschen, daß Sie sie mit altgewohnter Freundschaft aufnehmen und freundlich gewogen bleiben mögen Ihrem
ergebensten Diener
Lachmann.

V. Briefe von Johann A. Schmeller.
(1830—1849.)
1.
München 18'. November 1830.

Edler Lazbergære.

Es hat nichts Geringeres gebraucht als die Reise der liebenswürdigsten Constanzerin nach München, um den in der Ferne wie in der Nähe schweigsamen Gast endlich zur Erfüllung einer Pflicht zu bringen, die ihm schon lange mahnend vorgeschwebt hatte, nemlich die, seinem über jedes Epitheton erhabenen Wirth für die genußvollen Eppishauser Tage herzinniglich zu danken.

Auf den trotz seines unfreundlichen Himmels für mich so freundlichen September hat sich der October mit seinem bibliothecarischen Einerley sehr ungewohnt angelassen. Folianten sind einmal keine Schweizerberge, und die schönsten altdeutschen Dichtungen in schönster Pergamentschrift sind doch nur etwas Todtes gegen Männer und Frauen, die lebend darstellen was eben an denen der vaterländischen Vorzeit so anziehend ist. |

Unter den altdeutschen Hss., die mir gerade zu Catalogierung unter die Hände kommen, findet sich ein großes gemaltes Wappenbuch auf Pergament aus den beiden letzten Jahrzehnden des XV Sec., das mich in mehrfacher Rücksicht an den ritterlichen Eppishuser mahnt. Einmal ist dessen Autor ein Cunrad Grünenberg Ritter Burger zu Costentz, von dem ich wol Näheres wissen möchte, als was er einmal gelegenheitlich, beym Wappen eines Clade von Wadri, sagt, d a ß e r n e m - l i c h s e l b s t g e s e h e n h a b e, wie dieser „fürnem vnd streng ritter zu paris in der konigklichn krönung [Carls VIII a" 1484?] ainlifl' tag nach einander mit wem der daz begert hat zw rosz sich geschlagn hat. vntter denselbn er auch bej achten jre schwert genoñen vnd ander dergleichen tatten vil volbracht."

Dann bringt er am Schluß seiner Wappensammlung, welche Heiden und Christen, alte und neue Zeit umfaßt und aus allerley alten „pletern, püechern u. gemälden der gotzheuser" (selbst aus Montevilla, Marco Polo u. drgl.) „zusamengeraspet" ist, noch 10 Wappen vor, die „gefundenn wordenn in ainem püch das zū schatzenn ist wol iiij° jar alt". Es sind die Wappen von

Ulrich von Gutnburg   Heinrich von Morungen
Bliger von Samnach   Wachsmût von Kuntzich
Albrecht von Jansdorf   Hartman von Owe
Dietmar von Astde   Wilhalm von Heintburch.
Heinrich von Ruche   von Schopfla das in der reichen aw ligt. |

Nun sind diese Herren lauter Dichter, nemlich, die Orthographie des Constanzer Ritters etwas umgeändert:

	V. d. Hagen Grundriß,	Altd. Museum.	Koch.	Adelung.
Ulrich von Guotenburg	469.	481.		I. 1. 233.
Bligge von Steinach	471.	480.		232
Albrecht von Johansdorf	471.	481.		232
Dietmar von Ast	468.	481.		226
Heinrich v. Rugge	470.	479. 480.	492.	228
Heinrich v. Morunge	469.	479.	481.	228
Wachsmuot v. Künzingen	470.	481.	492.	226
Hartmann v. Owe	118. 281. 313.	471.	481.	230
Wilhelm v. Heinzenberg	471.	481.		228

Den „ v. Schopfla auf der Reichenau finde ich nicht. Ist der Schluß erlaubt, daß des Constanzers altes Buch irgend ein Minnesänger-Codex gewesen?
Auf dem letzten Folium des Wappenbuchs, u. vielleicht nicht mehr aus obigem alten Buch entnommen, sind noch fünf Wappen, mit folgender Überschrift:
Der Edl Moringer, der zu leips begraben ligt.
Der Neithart der pauroveind vö Zeisslmaur der zw wien an s. Stefflturen begraben ligt.
Her hanns de Montevilla von englland der groß landfarer.
Haymo der helt der zw wiltaw begraben ligt
Hanns Vilshofer der den ersten helffant jn teutsche land pracht hat.
Unter diesen wűrde freylich, außer dem Neithart, keiner zu obiger Annahme passen.

Daß übrigens auch unter den in Grüembergs [*o*] Buch aufgeführten Wappen der 12 (Turnier) Gesellschaften der 4 Lande Schwaben, Franken, Rheinländer und Bayern manche v. alten Sängern vorkommen, versteht sich.

Herr Emil Braun, der mit Prof. Maßmann mich auf Ihrem besungenen Sängerschloß ablöste, bethätigt seine dankbare Erinnerung an jenen Aufenthalt durch die Abschrift eines frommen Gedichtes, von welcher er hofft, daß sie Ihnen nicht unwillkommen seyn werde.

Prof. Maßmann selbst, der, weit gesprächsamer als ich, nächstens seinerseits u., wie immer, reichhaltiger schreiben wird, trägt mir die schönsten Empfehlungen auf. Ich aber bitte, wie früher, einen stummen Händedruck für das was meine Feder so wenig als meine Zunge zu sagen geübt ist, genügsam hinzunehmen und in wohlwollendem Andenken zu behalten . Ihren
Schmeller
Prof. u. Custos der K. Biblioth.

2.

München Christnacht 1830.

Edler Lazbergere.

Wenig oder nichts habe ich hinzu zu fügen zu dem, was der liebe Emil Braun nach Ihrer Andeutung in freudiger Einsigkeit für Sie bereitet hat. Wie sticht gegen solch ein liebereiches Jünglingsgemüth die Eisrinde ab, die sich in etwa zwanzig Wintern mehr, um meinen Herzkasten angelegt hat, und die sich unter dem Staub der Bibliothek immer noch mehr vergletschert.

Daß ein Jahrzehnd mehr oder minder an sich keine so unmenschliche Wirkung habe, davon sehe ich das glänzendste Beispiel vor mir, wenn | ich an den ritterlichen Einsiedler am Bodensee denke.

Naturam expellas &c. heißt es bey mir. In Gottes Namen; möge ich wenigstens die gute Seite haben, für nicht mehr gelten zu wollen als was ich bin.

Für die Notizen über den Constanzer Ritter danke ich recht sehr. Sie werden im Catalog als Anhang zur Beschreibung des Schildbuches ganz an ihrer Stelle seyn.

Und somit, da ich nichts mehr habe, was nicht gerade so gut ungesagt bleiben kann und sich Empfindungen der Achtung und innigsten Neigung überhaupt nicht | gut in Worte - eher noch in Noten — setzen lassen, breche ich ab. Ihrer Nachsicht mit meinen Schwächen bin ich ja gewiß, u. Ihr Herz wird Ihnen nicht erlauben, Gleiches mit Gleichem zu vergelten Ihrem
halbstummen Verehrer
Schmeller.

3.
München 2. et 3. September 1831.

Edler Freyherr.

Für so Vieles hätte ich zu danken, für so viel Unterlassenes um Vergebung zu bitten — daß ich diesen Text lieber gar nicht anhebe u. Ihr Urthel über mich ganz Ihrer Discretion anheimstelle.

Der liebe Braun ist seit ein paar Wochen im schönen Italien u. will's Gott nicht etwa vor der Burg Rokeby von österreichischem Bley getroffen worden. Er hatte mir die orientalischen HSS. übergeben, die Sie ihm zum Austausch gegen Doubletten unsrer Bibliothek übersendet. In dem Geschäfte konnte nicht fürgefahren werden, bis Hofrath Lichtenthaler, unser Director, aus Carlsbad zurückgekommen; und nun da er da ist, haben meine andern Collegen ihre Ferien angetreten, nur ich muß bis zum 15'. auf meinem Posten stehen bleiben — u. wol werde ich auch vom 15'. 7^{ber} bis 15'. 8^{ber}, aus Furcht vor unbeliebiger Quarantaine keine großen Sprünge, u. schwerlich über die Grenze machen. Erst Mitte Octobers also wird der Tauschhandel vollständig abgemacht werden können. — —

Man will die arabischen Hss. nach den Ferien von Orientalisten der Universität (an der Biblioth. sind in diesem Bezug lauter Idioten) beschauen lassen, um ihren Werth für die Anstalt ermessen zu können. Sollten Sie mir inzwischen unter der Hand wissen lassen, wie hoch Sie die Dinge ohn- | gefähr halten, so würde es vielleicht den Handel sehr abkürzen.

Dieser Tage wird Hr. Prof. Maßmann (d. 3'. Weiter konnte ich gestern nicht kommen, ein junger Moslem aus Stambul in Turban und Pumphosen schritt herein, — die Bibliothek zu sehen. Mehr als vielleicht Er über die Seltenheiten u. 500 000 Stücke dieses gelehrten Magazins war ich erstaunt über die Bildung des Türken. Nun weiter) den Tod, der von Osten so pompos heranzieht, im Westen aufzusuchen ausgehen, u. wahrscheinlich, als Engel des Lebens u. Friedens versteht sich, auch bey Ihnen zukehren. Mir wird es unter dieser Jahrzahl nicht so gut werden; wenn ich mir nur denken darf, daß der ritterliche Ainsidel in der Wunderklause nach wie vor gut bleibt

Seinem Verehrer
Schmeller.

4.
München 8. December 1832.

Edler Freyherr

Daß Der von Eppishausen immer gleich heiter, geistreich, liebens- u. verehrungswürdig, ja so gar gegen die versauerten Münchner Custoden immer gleich wohlwollend ist, entnehme aus dem freundlichen mündlichen Gruße durch Maßmann u. dem schriftlichen durch den Herrn Vetter, der zufällig sogar ein Hausnachbar ist.

Der gute Braun hat aus seiner neuen nordischen Welt, wenigstens mich, noch immer nichts hören lassen. Er wird dort vollauf zu thun haben. Dagegen ist der Britte Cleasby wieder bey uns eingetroffen. Er hatte mir auf seiner Reise nach England recht dankenswerthe | Gefälligkeit erwiesen. Es lag ohne allen Zweifel in seiner Absicht, auch dem edeln Eppishauser einen Dienst zu erzeigen, daß er, wie es scheint nicht ohne Auslagen, eine zierliche Abschrift besorgen ließ von der Juniusschen Abschrift des Annoliedes. Dieser guten Absicht — wenn auch vielleicht aus Mangel vorläufiger gehöriger Verständigung, leeres Stroh gedroschen

worden ist — wird der deutsche Freyherr gegen den brittischen Gast immerhin
Rechnung tragen, um so mehr, als ähnlicher guter Wille für deutsche Literatur-
bestrebungen in jenem Eiland nicht eben zu den Nationaltugenden zu gehören
scheint.
Von der Kleinigkeit Muspilli wird der erste besondre Abdruck, den der spe-
culierende Verleger der Zeitschrift mir gnädigst zukommen | lassen wird, nach
Eppishausen instradirt werden.
Nachdem wir einige Tausende von Nichtphilologen u. Nichtarcheologen nach
dem Urlande europäischer Bildung haben fortziehen sehen, haben wir vorgestern
Abschied genommen von dem gemüthlichen Königskinde, das einen Thron wieder
aufschlagen soll da wo vor drey Jahrtausenden der edle Winkelried Kodrus die
Sache gelassen hat. Möge Künig Ott von Kriechen nie mahnen an Künig Ott von
Hungern, dessen im bayr. Wrtb. II 613 gedacht ist.

Aus Copenhagen wird mir der allzufrühe Tod des linguistischen Wunder-
mannes Rask gemeldet durch den Secretär der dortigen königlichen Gesellschaft
für nordische Alterthumskunde. Ist nicht auch der edle Eppishauser Mitglied dieser
Gesellschaft? Und wenn Er's nicht bereits ist, dürfte ich Ihn ihr vorschlagen?

Nachsicht u. ferneres Wohlwollen

Ihrem
Verehrer Schmeller.

5.

München den 1. May 1833.

Diesen Tag edler Freyherr, feyre ich in Erinnerung an treffliche Menschen,
mit denen mir je nähere Berührung vergönnt gewesen. Diesen und jenen, zwinge
ich, wie Figura zeigt, bey solcher Gelegenheit, daß auch er sich einen Augenblick,
er mag wollen oder nicht, meiner erinnere; freue mich aber, wenn ich glaube
hoffen zu dürfen, daß er's gerne wollen werde.

Der rüstige Turnierer auf Gries und Papier, Hans F. Maßmann ist am Tage
nach der Taufe Ihres und meines Pathen Otto Volker nach Neapel abgereist, von
wo, so wie von Rom u. Mailand, er uns alle dorthin zerstreuten Trümmer gothi-
scher Sprache zurückbringen wird.

Dr. Aemilius*), der noch vor kurzem von Dresden aus, betrauert hatte, ohne
Nachrichten aus Eppishausen zu seyn, befindet sich dermalen, wie Lachmann aus
Berlin schreibt, in letzterer Stadt.

Unser Britte hat dieser Tage eine Reise nach Ungarn angetreten, von welcher
er im Herbst nochmal zu uns zurückkommen will, | um dann Deutschland für
immer zu verlassen, mit einer Einsicht in deutsche Art und Sitte, Sprache und
Literatur, wie sie, nach Wolf. Menzels neulichem Ausspruch im Litteraturblatt,
nicht leicht ein anderer Engländer mitgenommen haben wird. Ich möchte wol
wünschen, daß er unter andern Stücken altdeutscher Literatur auch den Liedersaal mit hinüber nehmen könnte.

Ihr Mäge der junge Rechtsmann, mein Nachbar, erwies mir vor seiner Oster-
ferienreise nach Regensburg die Ehre eines Besuches. Seitdem hörte ich, daß er
daselbst bedeutend krank geworden, bereits aber wieder auf dem Wege der Bes-

---

*) Emil Braun.

serung sey. Ein Jüngling, der mir wohl gefällt und seinem Namen (die Laßberge, deren Genealogie bei Duellius in den Excerpta vorkommt, sind wol Eines Stammes) alle Ehre machen wird.

Haben Sie unter Ihren Collectaneen nichts näheres über den bayrischen (Verfasser des allegorischen Jagdgedichts) Hadamar v. Laber (Hund ist darüber sehr spärlich), welches ich zu Ostern in den Ferien aus dem in Bayern einzigen Erlanger MS. abgeschrieben habe. Nichts über Jac. Püterich v. Reichertshausen, den Verfasser des bekannten Ehrenbriefes? Über Wolfram v. Eschenbach, dessen Wappen bey Pütrich beschrieben und auch in ein paar hiesigen Wappenbüchern abgebildet ist? Lachmann hat uns endlich einen genießbaren Parzival &c geliefert.

Doch der heutige Tag soll ja nur der Erinnerung an noch Lebende geweiht seyn u. der Sorge, ihr wohlwollendes Andenken zu bewahren. Beruhigen Sie in diesem Sinne

Ihren Verehrer
J. A. Schmeller.

6.

München 5. Aug. 1840.

Hochverehrter Freyherr.

Nicht würdiger weiß ich den Schlußabend meines fünf und fünfzigsten Lebensjahres zu begehen, als indem ich ihn der *Anedaht* an Denjenigen widme, der mir unter den persönlichen Erscheinungen wohlthuender Art, deren ich mich im Laufe meiner fünf und fünfzig Jahre zu erfreuen gehabt, als eine der freundlichsten vor der Seele steht. Vielleicht würde die *Anedaht* auch heute, wie so oft, in mein Inneres verschlossen vorübergehen, wenn ich, der unfertigsten Briefschreiber einer, nicht eine bestimmte Veranlassung blos sondern auch die angenehme Verpflichtung hätte, mich, da es anders nicht geht, wenigstens schriftlich bey jenem edeln Freyherrn einzustellen, und dem | vom bittern Verlust wol noch nicht ganz aufgerichteten Vater für das Geschenk zu danken, womit Er mich im Namen des nicht minder tüchtigen und liebenswürdigen Sohnes P. M zu erfreuen bedacht gewesen ist. Es ist ein schönes, dauerndes Monument, an welchem Viele ihre Freude haben werden, u. nicht blos diejenigen, welche, wie ich, persönliche Erinnerungen daran zu knüpfen so glücklich sind.

Die Heiterkeit, die in den Zeilen weht, welche die Gabe freundlich begleitet haben, darf ich wol als ein Zeichen nehmen, daß sich der Schmerz um das was entrissen, allmählich in die Freude über das, was neuerdings gegeben worden u. geblieben ist, aufgelöst habe.

Auch der edeln Zurückgebliebenen wünschte ich meinen Dank ausgedrückt zu wissen. Möge der edle Freyherr auch noch in meinem sechs und fünfzigsten, u. so Gott will ein Duzend andere Jahre, mit Wohlwollen zugethan bleiben

Dessen dankbarem
Verehrer J. A. Schmeller.

7.

München 6. September 1842.

Edler Freyherr.

Am Beginn meiner Herbstferien u. so am Scheidewege stehend, nach welcher Richtung hin sie zu genießen, ob nach der des Schönsten und Liebsten, was mir meine Erinnerungen bieten, oder der von — böhmischen Dörfern, sehe ich mich, den Unritterlichen, freundlich eingeladen vom ritterlichen Meister in seine alte Mersburg, wo zwischen altenalten Mauern die jüngste gemüthliche Gegenwart hauset. Die Versuchung ist groß. Dennoch soll sie nicht wanken machen den, was er gern seyn möchte, tenacem propositi virum, und der sich jene alte Weisheit zu Gemüth führt: Quidquid agas prudenter agas et respice finem. Das Ende dessen was ich vorhabe wird darin bestehen, daß ich wieder heimkehren muß. Wie schwer es mir wird, wieder heimzukehren vom Rhein und von dem was daran und darüber liegt, weiß ich aus Erfahrung. Viel leichter wird mir geschehen, wieder heimzukehren aus den böhmischen Dörfern. Also fort, gleich morgen fort nach den böhmischen Dörfern, denen allenfalls die Stadt Prag beygesellt werden mag.

Für Grauf Fritzen den Öttinger herzlichsten Dank. Bitte bitte, die wohlwollende Gesinnung auf ein nächstes und möglichst viele folgende Jahre zu bewahren für des in Seiner Weise einzigen Meisters

wahren Verehrer
Schmeller.

8.

Edler Freiherr.

Wenn mir, was der arme Hufhalz nicht hoffen darf, noch fünfzehn Lebenswinter und so der Vorzug vor Tausenden beschert seyn sollte, ein Achtziger zu werden, würde ich, wol auch an manchem andern als an dem Beine lahm geworden, doch immerhin mit einigem Troste mich erinnern, daß ich sechzig Jahre geben gekonnt, ja ich würde mich freuen, gäben auch Andere mir das Zeugniß, daß ich weiland ein ziemlich ausharrender Fußwanderer gewesen.

Täusche ich mich nicht über eine eigene Empfindung, und ist es erlaubt, eine ähnliche auch in einer Persönlichkeit vorauszusetzen, mit der ich mich, über ein redliches Wollen hinaus, in keiner Hinsicht messen darf und messe, so kann der edle Meister Sepp nicht im Ernste unwirsch seyn, wenn man in Seinem alten Stammlande sich wohl erinnert, welch ein unermüdeter Wanderer u. Kletterer auf den Höhen der vaterländischen Geschichte und ältern Literatur, welch ein eifriger Sucher, glücklicher Finder, Retter und Verkünder Er gewesen.

Sollte es aber wirklich ein Misgriff oder gar eine Schuld heißen dürfen, daß Ihm darüber ohne Sein Wissen und Wollen ein an sich sehr überflüssiges Zeugniß ausgestellt wird, so fällt sie nicht auf mich allein, sie fällt auf noch Einen, ja auf sämmtliche Mitglieder dieser Akademie. Mea culpa, rufe dann ich, nec mea maxima culpa. Ideo precor... daß gütige Verzeihung werde allen Mitschuldigen und

München 6. December
1849.

Ihrem
langjähriger Verehrer
J. A. Schmeller.

VI. Briefe von K. H. G. von Meusebach.
(1824—1831.)

1.

Hochwohlgeborner,
Hochverehrtester Freyherr,

Was für ein glücklicher Mann ist doch der Professor Zeüne, daß er sich selbst aufmachen und Ihnen in Person seinen Dank bringen kann, den er wie ich den meinigen so lange aufgeschoben bloß, weil wir von einer Woche zu der anderen noch eine verheißne Sendung Sixt von Arnins *) erwarteten und dann beyde unsern schönsten und besten Dank an beyde gütige Geschenkgeber zusammenpacken und gemeinschaftlich absenden wollten. Arnins Sendung des glückhafften Schiffs und andrer angenehmer Sachen kam aber erst am 17. Juli hier an, und inzwischen entschloß sich unser Freund Zeüne, sich auch in eins zu setzen und geradezu nach Bern und Eppishusen abzusegeln und aus dem Goldastischen Hochbecher die alten und die jungen Sänger | des Turgau's freudig zu begrüßen.

Der Hochbecher ist aber keine Neuverdeutschung von Zeüne sondern von Fischart, und Zeüne hat sich bloß die Erlaubniss bey mir ausgewirkt, sich deren (mäßig jedoch und mit Dank gegen die Quelle) zu gebrauchen. —

Ich will es Ihnen gestehen, daß ich glaubte und wünschte, Sie würden mich mit dem Liedersaal beschenken; nicht aus Geldsparkunst, sondern weil ich ihn durch den Buchhandel nicht bekommen konnte, daher Zeüne in dem verloren gegangnen Briefe schon früher bey Ihnen für mich bettelte. Nun hab ich gar noch ein schönes Autographon vor jedem Bande und die frohe Aussicht, ein solches auch noch vor und mit dem dritten zu bekommen!

Auf thätlichen Dank meiner Seits zu sinnen ist vergeblich, so sehr gern ich wirklich dankbar bin. Ich bin aber auch gar nicht zu stolz, hübschlicher Ehrenmänner ein Schuldner zu seyn.

Auch die Nachweise der noch in St. Gallen handschriftlich | liegenden weltlichen Lieder war mir äußerst angenehm; ich hielt mich der Literatur unsrer alten Lieder so ziemlich mächtig und doch war mir diese Nachricht aus Ild. Fuchs ganz entgangen **).

Sind denn in St. Gallen nicht gute zuverlässige Schreiber zu haben? Einem Geschäftsmanne werden so lange, sogenannte gelehrte Reisen nicht gut gethan wie einem Professor; und ob ich wohl den festen Vorsatz trage, Ihre liederreichen Gauen selbst noch zu besuchen, so würde doch eignes Abschreiben mehrerer Bände

---

*) Es ist Heinrich von Armin gemeint, der in den zwanziger Jahren bei der preußischen Gesandtschaft in Bern angestellt war und sich, ich weiß nicht ob mit einem alten oder willkürlich angenommenen Namen, auch 'Sixt von Siehen-Eichen' nannte. Er war mit v. Laßberg genau befreundet und lebt, wenn ich gut berichtet bin, noch jetzt hochbetagt zu Coblenz. W.

**) Offenbar ist von der einst in Aegydius Tschudi's Besitze befindlich gewesenen Liederhs. die Rede, welche dann Eigenthum der St. Galler Stiftsbibliothek wurde, vgl. I. Fuchs Leben Tschudi's II, 173; G. Scherer, St. Gallische Handschriften (St. Gallen 1859), S. 47 ff. W.

an Ort und Stelle wohl zu viel Zeit nehmen und daher das Beste seyn, eine früher besorgte Abschrift dann nur mit eignen Augen zu vergleichen. Ob des Tüfels Segy Etwas, zu meinem Zwecke Dienliches enthält, müssen Sie, Verehrter Herr und Freund, am besten urtheilen können; sonst warte ich auch damit, bis ich komme.

Wegen des einzigen Schätfleins, das Sie von Fischart haben, wage ich einen Wunsch, der vielleicht unbescheiden ist; mir ihn abzusagen [so!], darf Ihnen jedoch nicht schwer werden und wird nicht um ein Haar meinen Glauben an Ihre Gütigkeit schmälern. Es ist mir um den Finkenritter zu thun und um den Beweis, ob auch dieser (wie die Grimms meinen) von Fischart seyn möchte. Hier stehen mir nur neuere Drucke aus dem Ende des 17. oder Anfang des 18. Jahrhdts. zu Gebote; in den Versen zwey ganz verschiedene Texte, die aber beyde wohl von Fischart seyn könnten. Daß der Ihrige dem 16. Jhdte. angehört, beweisen die Beybünde und der Druckort: „Straßburg am Kornmarkte", „am Kornmarkte" zugleich, daß dieß vermuthlich schon ein Druck fürs Volk war.

Wird es Ihnen nun nicht schwer, mir mit dem ganzen Bande in seiner alten Schale ein Geschenk zu machen, so soll Zeüne Ihnen dagegen eine andre Aller Practic Grosmuter v. 1574 und zugleich eine Geschichtklitterung v. Gargantua und ein Podagramisches Trostbüchlein überreichen. Wird Ihnen aber die Trennung von jenem Bande nur in etwas schwer, so soll er Ihnen bloß die Geschichtklitterung und das Trostbüchlein verehren, und meine Großmutter mir wieder mitbringen.

Ich habe wohl früher vergessen zu bemerken, daß die Urschrift des Helmstorffischen Liederbuchs*) nicht in meinem sondern in dem Besitze unsres Generalpostmeisters von Nagler ist.

Könnte der Konrad v. Helmstorff**) vielleicht in Wolfenbüttel seyn, so soll Ihnen dessen Mittheilung wohl nicht entstehen; und was Sie sonst in Wolfenbüttel nachgesehen und aufgesucht wünschen, wird mein Freund, Bibliothekar Ebert, gewiß mit Fleiß und Eifer thun.

Ich vergesse aber bald, daß Sie jetzt vor allem dem glücklichen Überbringer dieser Zeilen das Botenbrot zu geben, ihm soviel zu zeigen und zu Löschung seiner heißen Wißbegierde ihn überall herum zu führen haben. Das nächste Mahl, wenn er wieder in Ihre Landschaft streift, bin ich | sein Begleiter und trinke selbst mit aus dem Hochbecher des nahen Astes von Goldast, bey dem Sie gegenwärtig meiner im besten gedenken wollen. Ich meines Orts bin und bleibe bis dahin und weiter mit treuer wärmster Liebe, Hochachtung und Verehrung

Berlin,   Ihr
am 8. August 1824.   gehorsamster Diener und Freund
                               KHG von Meusebach.

2.

Den Herrn Professor Lachmann habe ich, Ihrem Befehle zu folgen, sogleich aufgefodert, Ihnen, verehrtester Herr und Gönner, anzuzeigen, welche Bände des Liedersaales ihm noch abgehen und auf welchem Wege sie ihm zugehen könnten.

---

*) Vom Jahre 1569, s. Gervinus Geschichte der Deutschen Dichtung II, 263 Anm. 357.   W.

**) Vgl. G. Scherer, St. Gall. Hss. S. 18.   W.

Freylich nicht ohne Neid, daß nur er completirt werden kann, ich aber incomplet bleiben soll, ungeachtet gerade ich nach Empfang Ihres sonst so gütigen Schreibens vom 26. März den Defekt am drückendsten fühlte. Denn indem dieses wie gesagt sonst so gütige Schreiben mich auf ein Nest komischer Namensbildungen, auf CCXXV. des Liedersaales hinverweiset*) und ich meine drey Bände (1. 2 und 4) deshalb durchlaufe und keine N. CCXXV. darin finde, lacht Lachmann, der dabey steht, hell auf und sagt: Den dritten Band haben Sie ja selbst noch nicht, und wollen mich auffodern zur Angabe meines Mangels? „Es freut mich (erwiderte ich) Herr Professor, daß Sie Sich ein Mahl rein deutsch zu sprechen befleißen und für Defekt Mangel sagen; ich leide solchen auch noch schmerzlich an dem, was in der Nachricht für Freunde vor dem 4. Bande verheißen wird, daher Sie denn leider auch noch immer das ganze prächtige Werk cum autographo des Herausgebers hier ungebunden stehen sehen."

Sonach, verehrter Freyherr, kann ich wegen der *Frow Metzen hochzit* mich nur aufs Rathen verlegen und bloß fragen, ob darin etwa Namen wie Luckenfru, Schollentritt, Vbelfar, Widemann, Ziernhelt, Lerenapf, Hochstapf, Ackertrab, Schlind den Spieß, Raum die Taschen, Strösgut, Hafenschleck pp. vorkommen möchten? oder ob ich mich irre? Vielleicht irre ich mich nicht, indem ich den | alten Druck, woraus ich ebengedachte imperativisch componirte Namen gezogen, für einen Abdruck Ihrer Nr. CCXXV. halte**).

„Von Mayr Betzen
vnd auch von seiner Metzen."

Darunter ein schöner großer Holzschnitt, auf dem die Hochzeitsbauern mit Waffen jeder Art im Streite begriffen sind. Ohne Druckjahr und Ort (Anfang des 16. Jahrhdts.) 8 Blätter in Quart.

Anfang:

„Es was ein mayr hieß Betz
Der hett ain buln hieß Metz
Der was er also hold
Daß er nach ihr sterben wold

Sie was im auch nit vnweg
Wie es vmb die sach leg
Sie wolt in bet nit geweren
Er wolt ir dan schweren
Das er zu Ee vnd zu recht
Sie wol gehaben mecht pp.

---

*) Vermuthlich anknüpfend an Meusebachs merkwürdiges Büchlein: Zur Recension der deutschen Grammatik. Unwiderlegt herausgegeben von Jacob Grimm. Cassel 1826, worin eine Menge imperativische Namenbildungen zusammengetragen sind als Nachlese zu Gr. II, 961 f.
W.

**) Meusebach irrte sich nicht ganz, aber in der Hauptsache doch. Das von ihm beschriebene Stück steht allerdings in einem gewissen, weither oft erörterten Bezuge zu dem im Liedersaal enthaltenen, es ist aber nicht dasselbe. Wohl aber finden wir es wieder im Liederbuche der Clara Hätzlerin 259 ff. Erlangt der alte Druck hierdurch ein erhöhtes Interesse, so ist um so mehr zu bedauern, daß derselbe seither wieder spurlos verschwunden ist. Nach gütiger Mittheilung des Herrn Custos Dr. Julius Schrader befindet sich derselbe nicht unter den an die Berliner Bibliothek übergegangenen Meusebachschen Schätzen. Hat M. das Stück selbst besessen? Er sagt dies nirgends und es ist in der That nicht anzunehmen, daß er einer solchen Seltenheit sich je wieder sollte entäußert haben. In wessen Besitz sonst mag es aber gewesen sein? Und wo ist es hingerathen? Es lohnte sich der Mühe, dem merkwürdigen alten Druck nachzuforschen, dessen kein Litterarhistoriker, kein Bibliograph gedenkt.
W.

Ende:
„Do wapnet sich der Rüthilt
Dem was auch zu schaiden gach
Sie lieffen all hinden nach
Gabeln stangen vnd rechen
Der such man vil zerbrechen
Sie wurden doch geschayden so

Einr was traurig der ander fro
Wer das leben bracht daruon
Der hieß gar ain selig man
Also hat das gefecht ain end
Got vns allen kümer wend.
Amen.

Der dritte Band von Müllers Samlung deutscher Gedichte ist auch hier so selten, daß ich selbst ihn noch nicht habe erlangen können*). Was der Drucker davon noch | hatte, ging ihm bey dem Brande der Petrikirche, an der seine Niederlage war, verloren und ich wandte mich deshalb schon früher vergebens an ihn. Weil der Band noch nicht vollständig war, ist er bey den meisten Besitzern zu Grunde gegangen, wie leicht geschehen kann, wenn bei Ordnung von Nachlaßsachen dergl. defekt scheinende Bogen in die Hände eines mit dem Sachverhältnisse nicht bekannten kommen.

So ists begreiflich, daß jener 3. Band in Auktionen äußerst selten vorkommt und dann mit den zwey ersten (die aber fast jeder, der den dritten sucht, schon hat) auf 15 bis 20 Thaler getrieben wird.

Kochs Compendium ist bey dem Verleger auch nicht mehr zu haben, weil ein treuloser Diener es mit andern Büchern nach und nach gestohlen und als Makulatur verkauft hat; daher es denn in den Auktionen auch immer über den Ladenpreis hinausgeht**). Indessen kommt es doch öfter vor und binnen Jahr und Tag soll es wohl in Ihren Händen seyn; in einer Breßlauer Versteigerung habe ich bereits Auftrag darauf gegeben.

Verschiedene Freunde haben mich früher zu einer neuen Bearbeitung von Koch angeregt; aber es finden sich, wenn man (auch bey einem solchen Werke) nach dem Bestmöglichen u. nach einer gewissen Vollendung strebt, tausend Schwierigkeiten. Denn mit ein paarhundert oder einem Tausend Büchertiteln mehr, als Koch hat, ist die Sache auch noch nicht gethan.

Vergessen werde ich übrigens Ihren Wunsch nach dem 3. Bde. von Müllers Saml. nicht und ihn, wenn es möglich wird, gewiß zu erfüllen suchen.

Ich erlaube mir bey dieser Gelegenheit ebenfalls eine Anfrage nach einem seltenen Buche:

Hieronymi Morlini novellae, fabulae et comoediae, Napoli, 1520. 4. |

Nicht mir unmittelbar sondern den Brüdern Grimm in Kassel würden Sie mit diesem Buche eine große Freude machen, wenn auch nur durch Mittheilung auf einen oder zwey Monate; denn sie suchen das Buch schon lange vergebens und ich für sie eben so. Kirchhofers Schw. Sprichwörter***) habe ich noch nicht gesehen, werde aber Ihren gütigen Fingerzeig darauf benutzen.

---

*) Vgl. darüber Hoffmann v. F. Findlinge I, 237 ff.
**) Vgl. Weimarisches Jahrbuch I, 67.
***) Wahrheit und Dichtung. Sammlung schweizerischer Sprichwörter. Von M. Kirchhofer. Zürich 1824. 8°.

W.
W.
W.

Ich schließe mit einer von Grimm ganz übersehenen Imperativcomposition, mit dem wärmsten und herzlichsten Lebewohl, und bin und bleibe mit treuer Vergehrun und Liebe ganz der
Ihrige
KHG von Meusebach
Berlin, 15 Jun. 1827.

Altdeutsche Curiositäten, die Hr. Wackernagel für Sie mir abgegeben, folgen in Lachmanns Packete bey. Wngl. ist einige Monate in Polen gewesen, wird nun aber hoffentlich nach s. in diesen Tagen erfolgenden Rückkehr sich rüstig wieder an die Herausgabe von mehr als einem Viertels- und halben Bogen geben.

3.

Berlin, 26. August 1831.

Nur im Fluge zwei Worte, die ein Zürcher mitnimmt, der auch im Fluge vor dem schwarzen Tode, der uns zu nahen scheint, hineilt. Und nur um deswillen diese Worte im Fluge, damit Sie, theurer verehrter Freund und Gönner, falls mich jener schwarze Tod mitnehmen sollte, nicht glauben, ich sey als ein kalter und als ein undankbarer dahingegangen. Beides bin ich nicht, sondern ich brauche nur zum Briefschreiben h e i t r e, f r e y e, r u h i g e Stunden, die sich nicht immer finden. Wie ich unrecht finde, nur dann jemand zu besuchen, wenn ich übel gestimmt bin, so finde ich noch mehr unrecht, zu Briefen an Günstige und Freunde nicht die besten Stunden auszuwählen.

Also nur darum schwieg ich bisher, und weil ich nicht so kurz schreiben wollte, wie ich nun doch heute thue und nicht thäte, stünde nicht die Cholera draußen vor der Thür, d. h. 16 Meilen von hier. Ich habe Ochsenkhuns Lautenbuch samt Beylagen, ich habe den Riesen Sigenot, ich habe den 3. Band des Liedersaales bekommen und für Alles Ihnen tausendfältig gedankt.

Hätte ich nur etwas, das ich Ihnen lieb wüßte, mein Zürcher sollte es mitnehmen, da es jetzt zum Glück noch keiner Desinfektion bedürfte. Zeune und Lachmann sind wohl und würden herzlich grüßen lassen, wenn sie von diesen fliegenden Zeilen wissen könnten, indessen hat Lachmann | Ihnen vor 8 Tagen, auch über Zürich durch Reimer, seine neuesten zwei Werke zugesendet.

Lachmann und ich haben vor, in Mitte September das Göttinger echte Kleeblatt, Benecke und die Grimms zu besuchen; ich habe sogar den Stolz, daß Benecke und Grimms sich darum streiten, bey wem ich hausen soll — aber ich fürchte, wir werden nicht mehr reisen können, und jetzt, wo unsre Luft zu Gesundheitspässen noch vollkommen gut und rein ist, kann ich meiner Akten wegen noch nicht fort. Verehrtester Herr und Freund! es ist kaum zu glauben, was man in einer großen Stadt so viel mehr Zeit braucht als an einem andern Orte, falls man nicht als einzelner Mann lebt. Ich hatte neulich 5 Wochen lang 5 Personen starken Verwandtenbesuch im Hause, und Lachmann wollte nicht begreifen, daß ich nicht wenigstens in Zwischenzeit arbeiten könnte. Aber Lachmann weiß das nicht, er wohnt bey einem andern Professor im Hause*), theilt wohl die Freude aber nicht die La-

---

*) Bei Klenze, s. Karl Lachmann. Eine Biographie von Martin Hertz, S. 224.
W.

sten, Mühen, Arbeiten des Familienlebens. Ist ihm etwas störend, so geht er in seine Stube und ist ungestört, weil er unbesorgt und unverantwortlich ist. |

Nicht leicht kostet aber auch etwas soviel Zeit als — Anmerkungen zu Fischarts Gargantua zu machen. Sollt ich die Herausgabe erleben, so werden Sie sehen, was für Folianten, Quartanten und Oktavbände ich darum gelesen habe. Und eben diese haben mir das vergangene Jahr soviele Zeit gekostet, obgleich es oft allerdings höchst erfreulich ist, unvermuthet in einem Buche Aufklärung zu finden, wo man sie kaum erwartet hätte. Leider ist auch selbst bei solcher Arbeit, die der Natur der Sache nach zwar immer nur Stückwerk sein kann, doch öfteres Abbrechen äußerst hinderlich. Noch in voriger Nacht traf ich Aufklärungen über Fischartische Dunkelheiten an einem Orte, wo ich zwar dergleichen aber doch nicht diese eben suchte; aber — ich konnte der Akten wegen sie heute nicht verfolgen, und das Gedächtniß hat seine Naupen, nach 8, 14 Tagen kostet leicht dieselbe Verfolgung, des Unterbrechens wegen, noch ein Mahl so viele Zeit.

Sollte ich inzwischen so alt werden wie Göthe, so werd ich auch mit Fischart und mit den Volksliedern noch fertig; und ich bitte also auch Sie, mein theurer verehrter Freund, was Ihnen von beider Art und Kunst vorkommen möchte, ferner gütigst für mich zu sammeln.

Ich bin doch ein dankbarer Mensch, wenn ich schon Jahreslang schweige und undankbar scheine. |

An Sixt v. Armin liegt ein Brief da, den ich im May des vorigen Jahres angefangen; er ist länger als der gegenwärtige, er sollte noch länger werden, und darum wurde er gar keine Epistola. Jetzt, höre ich, ist Armin aus der Schweiz abberufen. Sollt er noch nicht weg seyn, so haben Sie doch die Güte Ihn aufs herzlichste zu grüßen, bis ich ihm wieder Birnen schälen kann.

Und nun leben Sie wohl und lassen Sie mir Vergebung meiner Sünden angedeihen; ich bin in diesem Stücke derselben kein unwürdiger.

Mit treuer Anhänglichkeit, Verehrung und Liebe bleibe ich immer, schreibend und schweigend, von ganzer Seele und von ganzem Herzen

Ihr und Ihrer als jemahls
KHG von Meusebach
sehr eilig!